Uni-Taschenbücher 2065



UTB FÜR WISSEN SCHAFT

Eine Arbeitsgemeinschaft der Verlage

Wilhelm Fink Verlag München
A. Francke Verlag Tübingen und Basel
Paul Haupt Verlag Bern · Stuttgart · Wien
Hüthig Fachverlage Heidelberg
Verlag Leske + Budrich GmbH Opladen
Lucius & Lucius Verlagsgesellschaft Stuttgart
Mohr Siebeck Tübingen
Quelle & Meyer Verlag Wiesbaden
Ernst Reinhardt Verlag München und Basel
Schäffer-Poeschel Verlag Stuttgart
Ferdinand Schöningh Verlag Paderborn · München · Wien · Zürich
Eugen Ulmer Verlag Stuttgart
Vandenhoeck & Ruprecht in Göttingen und Zürich

Dietrich Weber

# Erzählliteratur

Schriftwerk · Kunstwerk · Erzählwerk

Für Reinhold

mit Dank für diverse

musikalische Studien

herzlich

Dietrich

Okt. 98

Vandenhoeck & Ruprecht

Dietrich Weber, geb. 1935 in Rathenow, Studium der Germanistik und Philosophie in Innsbruck, München und Hamburg; 1962 Promotion in Hamburg, 1974 Habilitation in Köln, seit 1975 Professor für Allgemeine Literaturwissenschaft und Neuere deutsche Literaturgeschichte in Wuppertal.

*Die Deutsche Bibliothek – CIP-Einheitsaufnahme*

*Weber, Dietrich:*
Erzählliteratur: Schriftwerk, Kunstwerk, Erzählwerk / Dietrich Weber.
– Göttingen: Vandenhoeck und Ruprecht
(UTB für Wissenschaft: Uni-Taschenbücher; 2065)
ISBN 3-8252-2065-6 (UTB)
ISBN 3-525-03211-0 (Vandenhoeck & Ruprecht)


Einbandgestaltung: A. Krugmann, Stuttgart
Satz: Competext, Heidenrod
Druck und Bindung: Hubert & Co., Göttingen

# Inhalt

# Vorbemerkung

## 1

In der vorliegenden kleinen Schrift habe ich einige Grundsätze zum Erzählen und zur Erzählliteratur zusammengestellt, die sich im Lauf der Jahre im Lehrbetrieb der Allgemeinen Literaturwissenschaft ergeben haben. Manche davon greifen Bekanntes und Bewährtes auf und sind allenfalls darauf angelegt, das eine oder andere systematisch zurechtzurücken. Andere weichen vom Gängigen in der literaturwissenschaftlichen Erzähltheorie ab. Worauf es mir bei ihnen hauptsächlich ankommt, ist ein Plädoyer in dreierlei Hinsicht.

Ich plädiere zum ersten dafür, es mit dem Begriff Erzählen genauer zu nehmen, als es in der Literaturwissenschaft weithin der Fall ist. Dabei geht es mir nicht darum, das weite Feld dessen, was wir Erzählliteratur nennen, etwa auf solche Literatur einzuschränken, die im strengen Sinn als erzählend strukturiert zu bezeichnen ist; es geht mir vielmehr darum, mit Hilfe eines strengen Erzählbegriffs den Sinn dafür zu schärfen, was alles an beträchtlich Verschiedenartigem wir üblicherweise unter Erzählliteratur verstehen.

Ich plädiere zum zweiten dafür, bei der theoretischen Betrachtung von Erzählliteratur nicht, wie es seit einigen Jahren in der Literaturwissenschaft zunehmend der Brauch geworden ist, vom Autor des Texts zu abstrahieren. Im Gegenteil meine ich, daß man die Theorie der Erzählliteratur erst richtig fundieren kann, wenn man ständig im Auge behält, was der Autor eines literarischen Erzählwerks in und mit seinem Werk jeweils tut. (Diese Ansicht ist ketzerisch.)

Ich plädiere zum dritten dafür, bei der Betrachtung von Erzählliteratur nicht von vornherein und ausschließlich an fiktionale Erzählliteratur zu denken. Gegenstand der literaturwissenschaftlichen Erzähltheorie ist, meine ich, generell künstlerische Erzählliteratur, mag sie nun fiktional sein oder nicht. Soweit es um fiktionale Erzählliteratur geht, gebe ich im übrigen zu bedenken, daß sie in aller Regel nicht ausschließlich aus Fiktion besteht, sondern immer wieder unmißverständlich nichtfiktionale Bestandteile enthält. (Auch diese Ansicht ist ketzerisch.)

## 2

Der Gang der Abhandlung ist so: Die ersten sieben Grundsätze bestehen aus dem Versuch, die wichtigsten strukturellen Bestandteile zusammenzutragen, die zur Definition des Erzählens und der Erzählung allgemein gehören. Dabei greife ich gelegentlich Ergebnisse linguistischer Erzählforschung auf, ohne damit meine Kompetenz als Literaturwissenschaftler überschreiten zu wollen: Die Grundsätze verstehen sich entschieden im Hinblick auf Literatur.

Die letzten acht Grundsätze sind dann ausgesprochen literaturwissenschaftlich. Sie gelten ausschließlich der Erzählliteratur, hauptsächlich der fiktionalen Erzählliteratur. Was die Unterscheidung von Literatur und Fiktion angeht, halte ich es ganz mit John R. Searle:

> Weil die meisten literarischen Werke fiktional sind, kann eine Definition der Fiktion mit einer Definition der Literatur verwechselt werden, aber dies läßt sich allein schon durch Beispiele für nicht-literarische Fiktion und nichtfiktionale Literatur als Fehler erweisen. Und selbst wenn solche Beispiele fehlten, wäre dies immer noch ein Fehler, denn der Begriff der Literatur ist ein anderer als der der Fiktion. ›Die Bibel als Literatur‹ ist beispielsweise ein Anhaltspunkt für eine theologisch neutrale Einstellung, ›die Bibel als Fiktion‹ ist hingegen tendenziös.[1]

## 3

Die Art dieser Schrift ist allgemeinliteraturwissenschaftlich, nicht einzelphilologisch. Im Vordergrund stehen systematische, strukturtypologische Fragen, die sich auf jedwedes Erzählen in jedweder Literatur beziehen lassen, nicht historische, auf einzelne Epochen der Literaturgeschichte bezogene Fragen. Die Textbeispiele, die ich zur Veranschaulichung des Theoretischen gewählt habe, sind dementsprechend breit gestreut. Sie

---

1 John R. Searle, Der logische Status fiktionalen Diskurses (1975), in: J. R. S., Ausdruck und Bedeutung, Frankfurt/M. 1982, S. 80-97, hier S. 81.

stammen allerdings aus praktischen Gründen vorwiegend aus der deutschsprachigen Literatur: zum einen entsprechend meiner Herkunft aus der Germanistik, zum andern, weil bei den allfälligen Lesern dieser Schrift hauptsächlich an Germanisten zu denken ist. Die große Zahl der Beispiele versteht sich – um der Lust am Text willen – als Gegengewicht gegen das bloß Theoretische und zugleich im Sinn der Nutzbarkeit dieser Schrift als Arbeitsbuch.

## 4

Verpflichtet bin ich bei meinen Überlegungen insbesondere den Hauptvertretern der deutschsprachigen literaturwissenschaftlichen Erzähltheorie in der Nachkriegszeit: Käte Hamburger, Wolfgang Kayser und Franz Stanzel. Ich sage dies eigens deshalb, weil ich in vielem von ihren Gedanken (und manchmal gerade von ihren zentralen Gedanken) abweiche. Sie bleiben die großen Anreger, denen zu danken ist.[2]

Mein Dank gilt ferner den vielen Mitstreitern in Erzählsachen unter den Studierenden nun schon mehrerer Studentengenerationen im Fach Allgemeine Literaturwissenschaft an der Bergischen Universität Wuppertal. Ohne ihre vigilante Herausforderung hätte ich diese Schrift nicht verfaßt.

## 5

Der Stil dieser Schrift ist im wesentlichen protokollarisch. Statt von Grundsätzen hätte ich auch von Protokollen zur Erzählliteratur (oder auch Protokollen zur literaturwissenschaftlichen Erzähltheorie) sprechen können. Es sind Protokolle aus dem Lehrbetrieb. Das Protokollarische mag auch die Disproportion im Umfang der einzelnen Kapitel erklären. Manches Grundsätzliche ist schnell abgetan, anderes muß ausführlicher erläutert werden.

---

2 Ich denke vor allem an Käte Hamburgers anregende Arbeiten zum »epischen Präteritum« und, natürlich, an ihre »Logik der Dichtung« ([1]1957, [2]1968), an Wolfgang Kaysers übermütigen Aufsatz »Wer erzählt den Roman?« (in: W.K., Die Vortragsreise, Bern 1958, S. 82-101) und an Franz K. Stanzels erstes erzähltheoretisches Buch »Die typischen Erzählsituationen im Roman« (Wien 1955).

Protokollarisch heißt auch skizzenhaft. Und skizzenhaft heißt auch Anregung zum Ausmalen. Vieles in dieser Schrift ist darauf angelegt, daß man es sich ausmalt – jeder Theoretiker nach seiner Theorie mit ihren Theoremen, jeder Philologe nach seiner Philologie mit ihren Beispielen.

**6**

Art und Stil dieser Schrift sind im übrigen dem Gebot der Einfachheit verpflichtet. Nach einer in den letzten Jahrzehnten bis zur Unübersehbarkeit angewachsenen hochdifferenzierten Forschung auf dem Gebiet, das hier zur Diskussion steht, sollte es für eine Weile gut tun, sich auf das große Ganze zu besinnen. Im Zweifelsfall geht es hier also eher um den Wald als um die Bäume.

**7**

Um es handlich zu halten, habe ich gegen Ende der einzelnen Grundsätze gelegentlich Bilanz gezogen. Wer sich eilig über diese Schrift informieren will, kann sich am bequemsten mit den Bilanzen zu den Grundsätzen 1 bis 6 (Seite 63), zu Grundsatz 7 (Seite 70) und zu den Grundsätzen 8 bis 15 (Seite115f.) begnügen.

# 1. Erzählen ist serielle Rede von zeitlich bestimmten Sachverhalten

## 1

Wo immer in der Erzählforschung versucht wird, das Erzählen grundlegend zu bestimmen, werden, soweit ich sehe, hauptsächlich vier Modelle geltend gemacht. Die ersten drei tragen der Tatsache Rechnung, daß Erzählen nach allgemeiner Auffassung erst richtig Erzählen ist, wenn es Geschichtenerzählen ist: Erzählen nach dem Muster: Einmal ... eines Tages ... plötzlich ... und da ... und dann ... und dann ... und da bemerkte Scheherezade, daß der Morgen begann, und hielt in der verstatteten Rede an. Das vierte Modell (seltener explizit geltend gemacht) berücksichtigt die Tatsache, daß Erzählen, um Erzählen zu sein, nicht notwendigerweise Geschichtenerzählen sein muß. Es kann sich darauf berufen, daß es gleichfalls allgemeiner Auffassung und allgemeinem Sprachgebrauch entspricht, daß man ja nun von allem und jedem erzählen kann, von Personen, von alten Zeiten, von fernen Ländern, von Gott und der Welt, ohne daß das Erzählte jedesmal auf den Begriff einer regelrechten Geschichte zu bringen wäre.

Scholastisch formuliert lassen sich die vier Modelle nach dem in Definitionssachen allenthalben bewährten Muster als Abstufungen zwischen engstem und weitestem Sinn voneinander unterscheiden:

- Modell I: Erzählen als Geschichtenerzählen im engsten Sinn (Große Pyramide)
- Modell II: Erzählen als Geschichtenerzählen im engeren Sinn (Kleine Pyramide)
- Modell III: Erzählen als Geschichtenerzählen im weiteren Sinn (Und-dann-Erzählen)
- Modell IV: Erzählen im weitesten Sinn (Und-und-Erzählen).

Die ersten drei Modelle sind in der Forschung gut ausgearbeitet und, was komplexere Fälle angeht, einigermaßen einvernehmlich akzeptiert. Das vierte Modell ist umstritten.

## 2

Das erste Modell – Erzählen als Geschichtenerzählen im engsten Sinn – meint die Grundstruktur der klassischen oder wohlgeformten Erzählung. Angenommen werden dafür in der Erzählforschung meist fünf typische Phasen – in mehr oder weniger bewußter Analogie zu Gustav Freytags Pyramiden-Schema zum Aufbau des klassischen Dramas.[3] Die in der linguistischen Erzählforschung besonders einflußreiche Studie »Narrative analysis: oral versions of personal experience« (1967) von William Labov und Joshua Waletzky arbeitet beispielsweise mit einem solchen Fünf-Phasen-Modell.[4] Fritz Schütze hat diese und ähnliche Ansätze in seinem Beitrag »Zur soziologischen und linguistischen Analyse von Erzählungen« (1976) zusammengefaßt und dabei liberalerweise verschiedene Bezeichnungen für die einzelnen Phasen zur Wahl gestellt:

- Phase I: »Vorspiel/Exposition/Orientierung«
- Phase II: »Auftauchen von Krisenfaktoren/Komplizierung«
- Phase III: »Krise/Höhepunkt«
- Phase IV: »Krisenabwicklung/Schlichtung/Auflösung«
- Phase V: »Endzustand/Konklusion«.[5]

Es zeugt für das Universelle dieses Modells, daß es sich sogar an Gedichten beobachten läßt, wenn sie erzählend strukturiert sind. Treffendes Beispiel ist Goethes kleines Gedicht »Gefunden« mit seinen fünf Strophen, die geradezu so aussehen, als sei der Dichter in die Schule des Fünf-Phasen-Modells gegangen:

Orientierung: Ich ging im Walde
So für mich hin,
Und nichts zu suchen,
Das war mein Sinn.

---

3 Gustav Freytag, Die Technik des Dramas (1863), Leipzig [12]1912, S. 102ff.

4 William Labov und Joshua Waletzky, Erzählanalyse: Mündliche Versionen persönlicher Erfahrung (1967), in: Jens Ihwe (Hrsg.), Literaturwissenschaft und Linguistik, Bd. 2, Frankfurt/M. 1973, S. 78-126, bes. S. 111ff. mit Diagramm auf S. 124.

5 Fritz Schütze, Zur soziologischen und linguistischen Analyse von Erzählungen, in: Internationales Jahrbuch für Wissens- und Religionssoziologie 10, 1976, S. 7-41, hier S. 12.

Komplizierung: Im Schatten sah ich
Ein Blümchen stehn,
Wie Sterne leuchtend,
Wie Äuglein schön.

Krise: Ich wollt es brechen,
Da sagt' es fein:
Soll ich zum Welken
Gebrochen sein?

Krisenabwicklung: Ich grubs mit allen
Den Würzlein aus,
Zum Garten trug ichs
Am hübschen Haus.

Endzustand: Und pflanzt es wieder
Am stillen Ort;
Nun zweigt es immer
Und blüht so fort.

## 3

Gegenüber dem ersten Modell, das man abgekürzt als große Pyramide bezeichnen kann, ist das zweite – das Geschichtenerzählen nicht im engsten, sondern nur im engeren Sinn – eine kleine Pyramide. Es baut sich auf nur drei typischen Phasen auf – und ist nun nicht mehr Gustav Freytagscher Art, sondern regelrecht aristotelisch: Anfang, Mitte und Ende (wie manche geradewegs mit Aristoteles' Poetik §7 formulieren) oder »Orientierung, Komplikation, Auflösung« (so Elisabeth Gülich, 1976)[6] oder »Exposition, Komplikation, Lösung (bzw. Resultat)« (so

6 Elisabeth Gülich, Ansätze zu einer kommunikationsorientierten Erzähltextanalyse (am Beispiel mündlicher und schriftlicher Erzähltexte), in: Wolfgang Haubrichs (Hrsg.), Erzählforschung, Bd. 1, Göttingen 1976 (Beiheft 4 der Zeitschrift für Literaturwissenschaft und Linguistik), S. 224-256, hier S. 251. E. Gülich betont dabei, »daß hier die Struktur des Erzähl*textes* gemeint ist, nicht die der Geschichte ... Entscheidend ist, daß die Teiltexte« – »mit den Funktionen ›Orientierung‹, ›Komplikation‹ und ›Auflösung‹« – »durch Gliederungsmerkmale voneinander abgegrenzt werden, die als illokutionäre Indikatoren von Erzähltexten die Makrostruktur für den Rezipienten erkennbar machen« (S. 252).

Wolf-Dieter Stempel, 1982)[7] oder »Exposition, Ereignis, Schluß« (so Harald Weinrich, 1993)[8].

Weinrich spricht in diesem Zusammenhang von der »Elementarregel« des »narrativen Dreischritts«. Er erklärt (im Zusammenhang mit seiner Besprechung des Präteritums): »Die Abfolge von Prädikationen mit dem Präteritum drückt in einer Geschichte den Fortgang der Handlung aus, von der ›Exposition‹ der Ausgangslage über das ›Ereignis‹ (um dessentwillen die Geschichte erzählt wird) bis zum ›Schluß‹, der die neue, durch die erzählte Handlung veränderte Situation charakterisiert.«[9]

David Lodge, Theoretiker und Praktiker zugleich, hat in seiner »Kunst des Erzählens« (»The art of fiction«, 1992)[10] einige sehr kurze Geschichten des amerikanischen Schriftstellers Leonard Michaels zur Veranschaulichung gewählt. Darunter den Text »Die Hand«:

Ich haute meinem kleinen Jungen eine runter. Ich hatte eine gewaltige Wut. Wie Gerechtigkeit. Dann entdeckte ich eine Empfindungslosigkeit in der Hand. Ich sagte: »Hör mal, ich möchte dir die Komplexität des Ganzen erklären.« Ich sprach mit Ernst und Anteilnahme, vor allem von Vätern. Er fragte, als ich fertig war, ob ich wolle, daß er mir verzeihe. Ich sagte ja. Er sagte nein. Wie Trümpfe.

Lodges Kommentar lautet:

Von der Gattung her entspricht »Die Hand« ... eindeutig der klassischen Vorstellung der erzählerischen Einheit. Sie weist einen Anfang, eine Mitte und ein Ende auf, ganz nach der Definition von Aristoteles: Ein Anfang ist das, welchem nichts vorauszugehen braucht, ein Ende ist das, welchem nichts zu folgen braucht, und eine Mitte benötigt sowohl etwas davor wie danach.

Der Anfang von »Die Hand« besteht aus den ersten drei Sätzen, welche die Bestrafung des Sohnes durch den Erzähler beschreiben. Wir brauchen nicht zu wissen, welches Verhalten diese Handlung provoziert hat. Der erste Satz, »Ich haute meinem kleinen Jungen eine runter«, schafft einen vertrauten häuslichen Kontext. Das Gewicht liegt ganz auf den Gefühlen des Erzäh-

---

7 Wolf-Dieter Stempel, Zur Frage der narrativen Identität konversationeller Erzählungen, in: Eberhard Lämmert (Hrsg.), Erzählforschung, Stuttgart 1982, S. 7-32, hier S. 12.

8 Harald Weinrich, Textgrammatik der deutschen Sprache, Mannheim 1993, S. 219.

9 Ebd., S. 219f.

10 David Lodge, Die Kunst des Erzählens (1992), Zürich 1993, Abschnitt 48: Erzählstruktur, S. 255-258. Daraus die folgenden Zitate.

lers. »Ich hatte eine gewaltige Wut. Wie Gerechtigkeit.« Der Satz ohne Verb ist eine Art Nachtrag, der die Lösung der Spannung, die Ausübung von Macht rechtfertigt.

Der Mittelteil der Geschichte beschreibt das schwindende Vertrauen des Erzählers in seine Selbstgerechtigkeit und den Versuch, sein Verhalten seinem Sohn gegenüber zu rechtfertigen. Zuerst gibt es eine Art psychosomatisches Symptom: »Dann entdeckte ich eine Empfindungslosigkeit in der Hand.« Die Hand ist sowohl Synekdoche wie Metapher für den »gefühllosen« Vater. »Ich sagte: ›Hör mal, ich möchte dir die Komplexität des Ganzen erklären.‹« Vom Aufbau her dreht sich die ganze Geschichte um die Achse dieser Stelle, der einzigen direkten Rede im Text. Von der Form her bevorzugt sie den Erzähler, weil direkte Rede immer einen stärkeren Eindruck von der Präsenz des Sprechers vermittelt als indirekte Rede. Aber die Verwendung des Erwachsenenwortes »Komplexität« gegenüber einem kleinen Jungen verrät alles. Trotz seinem erklärten Bedürfnis, sich mit seinem Sohn zu verständigen (»Ich sprach mit Ernst und Anteilnahme, vor allem von Vätern«), ringt der Erzähler mit seinem eigenen Gewissen.

Das Ende enthält einen schönen Doppelwendepunkt. Erstens zeigt sich, daß der kleine Junge den Gemütszustand seines Vaters völlig durchschaut: »Er fragte, als ich fertig war, ob ich wolle, daß er mir verzeihe.« Zweitens werden die normalen Machtverhältnisse zwischen Vater und Sohn umgekehrt: »Ich sagte ja. Er sagte nein.« Die Symmetrie dieser Sätze läßt die Symmetrie auf der Handlungsebene nachklingen. Mit den Worten »Wie Trümpfe« gesteht der Erzähler reuevoll seine Niederlage ein.

Wenn man ein noch kürzeres Beispiel haben will, nehme man Wolf Wondratscheks sogenanntes Gedicht »Kurzgeschichte«: Anfang, Mitte, Ende in drei ganz kurzen Sätzen, kleinste Pyramide:

Töte mich, sagte sie. Und er tötete sie. Und als sie endlich tot war, sagte sie noch, mach weiter.[11]

## 4

Mit dem dritten Modell – Erzählen als Geschichtenerzählen im weiteren Sinn – ist nicht mehr das Verfahren gemeint, das einen Text zu einer kompletten Geschichtenerzählung macht, sondern nur das Prinzip des Geschichtenerzählens. Für das Erzählen bedarf es nach diesem Modell lediglich zweier spezifischer Textmomente, vorausgesetzt nur, daß ihre Inhalte zueinander im Verhältnis der Zeitfolge stehen.

11 Wolf Wondratschek, Die Gedichte, Zürich 1992, S. 54.

Eberhard Lämmert hat in seinen »Bauformen des Erzählens« (1955) das in diesem Sinn Elementare pointiert. Er schlägt vor, Herders in bezug auf Homer formuliertes »Schöpfungswort: ›es ward!‹« und die Formel Günther Müllers, »die Grundform allen Erzählens« sei »ein ›und dann‹«, miteinander zu verbinden: »›Es ward ... und dann ...‹ – fügt man beides zusammen, so hat man den idealen Grundriß des Erzählten, das Schema des vom Anstoß der ersten Begebenheiten sich abspinnenden Geschehens«.[12]

Im gleichen Sinn versteht sich E. M. Forsters lapidare Definition des Geschichtenerzählens in seinen »Aspects of the novel« (1927). Es sei nichts weiter als Darstellung »zeitlich aufeinanderfolgender Begebenheiten«. Sein Minimalmuster ist der schlichte Doppelsatz: »The king died, and then the queen died.«[13]

Linguistisch formuliert ist dasselbe bei Labov/Waletzky. Ihre These ist, Erzählung oder Erzählen (narrative) sei grundsätzlich »jede beliebige Teilsatzfolge, die zumindest eine temporale Grenze enthält«. Muster: »I shot and killed him« (nicht aber: »I laughed and laughed at him«).[14]

Geradezu alles andere ausschließend ist die auf dieser Linie liegende rigoristische These Wolf-Dieter Stempels in seinem Aufsatz »Zur Frage der narrativen Identität konversationeller Erzählungen« (1982). Erzählen, so meint er, sei sinnvoll nicht anders faßbar denn als »Abbildung eines Wandels«; es setze grundsätzlich zwei Propositionen voraus, deren erste die Ausgangslage und deren zweite eine Veränderung repräsentiert; einen lediglich auf eine einzige Proposition zurückgehenden »Erzählsatz« könne es nicht geben.[15]

---

12 Eberhard Lämmert, Bauformen des Erzählens, Stuttgart 1955, S. 21.

13 E. M. Forster, Ansichten des Romans (1927, dt. zuerst 1949), Frankfurt/M. 1962, S. 35, S. 92f.

14 Labov/Waletzky: Erzählanalyse, S. 105.

15 Wolf-Dieter Stempel: Zur Frage der narrativen Identität konversationeller Erzählungen, S. 10. Vgl. dagegen Gérard Genette, Die Erzählung (1972/1983), München 1994, S. 202 zum Begriff »Minimalerzählung« mit den Beispielen »Ich gehe« oder »Pierre ist gekommen«: »Für mich liegt, sobald es auch nur eine einzige Handlung oder ein einziges Ereignis gibt, eine Geschichte vor, denn damit gibt es bereits eine Veränderung, einen Übergang vom Vorher zum Nachher.« Vgl. ebd., S. 203 mit Bezug auf E. M. Forster: »›The king died‹ – nicht mehr und nicht weniger. Für eine Schlagzeile reicht dies allemal. Und wenn das Volk Einzelheiten will, so wird man sie schon liefern.«

Als Kurzformel kann man soweit (die Modelle I bis III umfassend) annehmen: Erzählung als Geschichtenerzählung ist Darstellung von »Situationsveränderung«.

## 5

Erzählen – so Modell IV: Erzählen im weitesten Sinn – muß aber nicht notwendig Geschichtenerzählen sein. Wohl muß es – wie es in den ersten drei Modellen schon gegeben ist, ohne daß man eigens davon hätte sprechen müssen – dem Prinzip der Serie untergeordnet sein: fünf typische Glieder in Serie oder drei oder zwei – in Offenheit für vieles dazwischen und danach. Doch zwingt nichts dazu, von vornherein derart spezifische Beziehungen der Aufeinanderfolge zwischen den einzelnen Momenten, die – in Serie – zum Gegenstand des Erzählens werden können, festzulegen, wie es in den drei Modellen der Fall ist. Seriell wie es ist, kann Erzählen auch aus einer Serie von eingliedrigen, punktuellen (je auf eine einzige Proposition zurückgehenden) Darstellungsmomenten bestehen. Kurz gesagt: Die Modelle I bis III meinen im Prinzip das Und-dann-Erzählen; Modell IV meint das Und-und-Erzählen.

## 6

Die Modelle I bis III sind darauf konzentriert, daß Erzählen (als Geschichtenerzählen im engsten, engeren oder weiteren Sinn) wesentlich mit Dynamischem zu tun hat: Handlungen, Vorgängen, Ereignisfolgen, Geschehensabläufen. Modell IV macht geltend, daß der Gegenstand des Erzählens auch bloß aus Statischem bestehen kann: Situationen, Zuständen, Umständen.

Beispielhaft sind viele der Erzählminiaturen in Walter Kempowskis frühen Romanen – etwa die eindringliche Miniatur zur sogenannten Reichskristallnacht in »Tadellöser & Wolff«:

> Ich kam an der grünen Villa des Fabrikanten Samuel vorbei. Im November 1938 hatten Schallplatten auf dem Rasen gelegen, Gardinen aus den zerbrochenen Fenstern geweht.[16]

16 Walter Kempowski, Tadellöser & Wolff, München 1971, S. 136.

Gegenstand ist hier im ersten Satz nur ein Vorgang (zudem ein nicht eben dynamischer), im zweiten Satz nur ein (zeitlich zurückliegender) Zustand. Keine Reihe von Begebenheiten in zeitlicher Folge (Forster), kein »Es ward ... und dann ...« (Lämmert), keine »Abbildung eines Wandels« (Stempel). Dennoch wird man nicht leugnen wollen, daß hier einer erzählt.

## 7

Kempowskis Miniatur ist eine kleine Erzählung. Aber sie ist noch keine Geschichtenerzählung im Sinn der mit den Modellen I bis III gemeinten Typen des Geschichtenerzählens. Immerhin aber hat sie mit ihnen noch etwas gemeinsam: Sie gilt in den beiden Sätzen jeweils Einmaligem. Sie ist – wie im Kern des Erzählens nach den ersten drei Modellen – ein Beispiel für »singulatives Erzählen«, wie Gérard Genette es genannt hat (récit singulatif).[17]

Erzählen muß nun aber nicht einmal singulativ sein. Es kann auch summarisch sein, insbesondere durativ oder iterativ.[18] Es kann ineins Mehrmaliges zusammenfassen – mehrmalige Vorgänge, Handlungen, Geschehensabläufe oder sich wiederholende Situationen, Zustände, Umstände. Genettes Paradebeispiel für iteratives Erzählen ist Marcel Prousts Erzählen in »A la recherche du temps perdu« – in nuce der Anfangssatz: »Lange Zeit bin ich früh schlafen gegangen ...«

Herman Meyer hat auf das hübsche Beispiel von Cervantes' Verspottung singulativen Erzählens bei einer Gelegenheit, bei der iteratives Erzählen angebracht gewesen wäre, im »Don Quijote« hingewiesen. Sancho Pansa erzählt:

»Der Fischer stieg ins Boot und setzte eine Ziege über, fuhr zurück und setzte wieder eine über, fuhr abermals zurück und setzte abermals eine über ...« Don Quijote unterbricht ihn schließlich (es geht immerhin um eine Herde von dreihundert Ziegen): »Nimm an, er habe alle übergesetzt, ... und fahre nicht ewig so hinüber und wieder herüber,

---

17 Gérard Genette: Die Erzählung, S. 81ff.

18 Vgl. Gérard Genette, ebd.; vgl. Eberhard Lämmert: Bauformen des Erzählens, S. 84: »iterativ-durative Raffung«.

sonst wirst du in einem ganzen Jahr nicht fertig mit dem Übersetzen deiner Ziegen.«[19]

Ein handliches Beispiel für ausführliches iteratives Erzählen ist der Anfang von Heinrich Bölls Kurzgeschichte »Die Waage der Baleks« (1952) mit seiner üppigen Verwendung iterativer Zeitbestimmungen wie »manchmal«, »abends«, »tagsüber«, »morgens«, »an den Sonntagen«, »an besonders festlichen Tagen«:

> In der Heimat meines Großvaters lebten die meisten Menschen von der Arbeit in den Flachsbrechen. Seit fünf Generationen atmeten sie den Staub ein, der den zerbrochenen Stengeln entsteigt, ließen sich langsam dahinmorden, geduldige und fröhliche Geschlechter, die Ziegenkäse aßen, Kartoffeln, manchmal ein Kaninchen schlachteten; abends spannen und strickten sie in ihren Stuben, sangen, tranken Pfefferminztee und waren glücklich. Tagsüber brachen sie den Flachs in altertümlichen Maschinen, schutzlos dem Staub preisgegeben und der Hitze, die den Trockenöfen entströmte. In ihren Stuben stand ein einziges, schrankartiges Bett, das den Eltern vorbehalten war, und die Kinder schliefen ringsum auf Bänken. Morgens waren ihre Stuben vom Geruch der Brennsuppen erfüllt; an den Sonntagen gab es Sterz, und die Gesichter der Kinder röteten sich vor Freude, wenn an besonders festlichen Tagen sich der schwarze Eichelkaffee hell färbte, immer heller von der Milch, die die Mutter lächelnd in ihre Kaffeetöpfe goß.[20]

Auch in bezug auf diesen Textabschnitt wird man nicht sagen können, daß hier eine Geschichte (im Sinn der Modelle I bis III) erzählt wird; ebensowenig aber wird man leugnen können, daß hier schon einer erzählt: daß er die charakteristische Redetätigkeit ausübt, die wir Erzählen nennen.

## 8

Wenn man im Hinblick auf eine allgemeine Bestimmung des Erzählens abstrahiert, was die Modelle I bis III im Kern miteinander gemeinsam haben, kommt nicht viel mehr heraus, als daß das Erzählte prinzipiell durch eine Zeitfolge-Markierung spezifiziert ist. Wenn man das Mo-

---

19 Cervantes, Don Quijote, I. Teil, 20. Kap.; vgl. Herman Meyer, Von der Freiheit des Erzählers, in: Festgabe für L. L. Hammerich, Kopenhagen 1962, S. 181ff.

20 Heinrich Böll, Werke, hrsg. von Bernd Balzer, Romane und Erzählungen 2, Köln 1977, S. 45.

dell IV hinzunimmt, ist es noch weniger, nämlich nur eine Zeitpunkt-Markierung (die ihrerseits auch noch sehr vage gehalten sein kann). Allerdürrster Grundsatz zum Erzählen ist dementsprechend: *Erzählen ist serielle Rede von zeitlich bestimmten Sachverhalten.*

## 9

So dürr die Formel, so kann man doch immerhin auf ihr aufbauen. Insbesondere kann man, von ihr ausgehend, die vier Modelle ökonomisch zusammenfassen und handlicherweise zwei – graduell gegeneinander abgestufte, praktisch immer wieder ineinander übergehende – Grundarten des Erzählens unterscheiden. Pointiert gesagt: das schwache und das starke Erzählen.

Starkes Erzählen (Modelle I bis III) erkennt man an Zeitfolge-Markierungen vom Typ »Einmal ... und dann« oder – populärer – »Einmal ... und da«. Für das schwache Erzählen (Modell IV) genügen Zeitpunkt-Markierungen – sei es vom singulativen Typ »Einmal ... und ein anderes Mal ...« oder sei es vom iterativen Typ »Manchmal, oft, immer wieder ...«.[21]

Starkes Erzählen ist geradlinig, zielstrebig, geschlossen. Schwaches Erzählen ist locker, mosaikhaft, offen.

## 10

Ein ganzes Genre, das auf dem schwachen Erzählen aufbaut, ist ein Erzählungstypus, den man – im Unterschied zur Geschichtenerzählung – als Porträterzählung bezeichnen kann.

Schönes Anschauungsmaterial zum Vergleich liefern die beiden Texte über den Generalfeldmarschall Suwarow in Johann Peter Hebels »Schatzkästlein des rheinischen Hausfreundes«. Zwar sind sie beide gleichermaßen auf gut Hebelsche Art gelassen geschrieben, doch lassen sie sich hinreichend deutlich als (stark erzählte) Geschichtenerzählung und als (schwach erzählte) Porträterzählung unterscheiden.

21 Zu der Formulierungsweise »Sätze oder Satzteile vom Typ ...« vgl. Elisabeth Gülich: Ansätze zu einer kommunikationsorientierten Erzähltextanalyse, bes. S. 243.

Abgesehen von den einleitenden allgemeinen Betrachtungen, gerät der erste Text (unter dem Titel »Suwarow«) am Ende zu einer Ereignis-Anekdote und damit regelrecht Geschichtenerzählung – signalisiert zumal durch Markierung der Zeitfolge: »Einmal ...«, »Da ...«, »Sogleich ...«:

Der Mensch muß eine Herrschaft über sich selber ausüben können, sonst ist er kein braver und achtungswürdiger Mensch, und was er einmal für allemal als recht erkennt, das muß er auch tun, aber nicht einmal für allemal, sondern immer. Der russische General Suwarow, den die Türken und Polacken, die Italiener und die Schweizer wohl kennen, der hielt ein scharfes und strenges Kommando. Aber was das vornehmste war, er stellte sich unter sein eigenes Kommando, als wenn er ein anderer, und nicht der Suwarow selber wäre, und sehr oft mußten ihm seine Adjutanten dies und jenes in seinem eigenen Namen befehlen, was er alsdann pünktlich befolgte. Einmal war er wütend aufgebracht über einen Soldaten, der im Dienst etwas versehen hatte, und fing schon an, ihn zu prügeln. Da faßte ein Adjutant das Herz, dachte, er wolle dem General und dem Soldaten einen guten Dienst erweisen, eilte herbei und sagte: »*Der General Suwarow hat befohlen, man solle sich nie vom Zorn übernehmen lassen.*« Sogleich ließ Suwarow nach, und sagte: »Wenn's der General befohlen hat, so muß man gehorchen.«[22]

Hebels zweiter Suwarow-Text (unter dem Titel »Der Generalfeldmarschall Suwarow«) ist musterhaft eine Porträterzählung. Der Text antwortet nicht, wie der erste, auf die nur auf ein einziges Ziel ausgerichtete Frage: »Was geschah da einmal Charakteristisches im Leben Suwarows?«, sondern er antwortet ausschweifend auf die allgemeinere Frage: »Wie war er so, der General Suwarow, wie lebte er charakteristischerweise?« Entsprechend setzt sich der Text über die Zeitfolge des Erzählten hinweg. Die Reihenfolge der Teile, aus denen er besteht, ist beliebig; man könnte sie mehrfach vertauschen, ohne das Gesamtbild zu zerstören. Die Zeit-Markierungen, die den Text regulieren, sind explizit vom Typ »Manchmal ...«, »Oft ...«, implizit vom Typ »Immer ...«. Immer, versteht sich, in seiner Zeit, zu seiner Zeit. Anders als der erste Suwarow-Text ist der zweite dementsprechend ohne anekdotische Pointe. Immerhin aber hat Hebel für einen gravitätischen Schluß gesorgt. Es ist ein Schluß, der den Grundgestus der Porträterzählung kennzeichnet: »Also lebte der General und Fürst Italinsky Suwarow.« Es ist

22 Johann Peter Hebel, Schatzkästlein des rheinischen Hausfreundes, hrsg. von Winfried Theiss, Stuttgart 1981, S. 177.

der Grundgestus nach Hiob 1,5: »Also tat Hiob alle Tage.« Zitieren wir auch diesen schönen Text ganz:

Das Stücklein von Suwarow, wie er sein eigenes Kommando respektierte, hat dem geneigten Leser nicht übel gefallen. Von ihm selber wäre viel Anmutiges zu erzählen.

Wenn ein vornehmer Herr nicht hochmütig ist, sondern redet auch mit geringen Leuten, und stellt sich manchmal, als wenn er nur ihresgleichen wäre, so sagt man zu seinem Lob: Er ist ein gemeiner Herr. Suwarow konnte manchen schimmernden Ordensstern an die Brust hängen, manchen Diamantring an die Finger stecken, und aus mancher goldenen Dose Tabak schnupfen. War er nicht Sieger in Polen und in der Türkei, russischer Generalfeldmarschall und Fürst, und an der Spitze von dreimalhunderttausend Mann, so viel als seinesgleichen ein anderer? Aber bei dem allen war er ein sehr gemeiner Herr.

Wenn es nicht sein mußte, so kleidete er sich nie wie ein General, sondern wie es ihm bequem war. Manchmal, wenn er kommandierte, so hatte er nur *einen* Stiefel an. An dem andern Bein hing ihm der Strumpf herunter und die Beinkleider waren auf der Seite aufgeknüpft. Denn er hatte einen Schaden am Knie.

Oft war er nicht einmal so gut gekleidet. Morgens, wenn's noch frisch war, ging er aus dem Bett oder von der Streue weg, vor dem Zelt im Lager spazieren, nackt und bloß wie Adam im Paradies, und ließ ein paar Eimer voll kaltes Wasser über sich herabgießen zur Erfrischung.

Er hatte keinen Kammerdiener und keinen Heiduck, nur einen Knecht, keine Kutsche und kein Roß. In dem Treffen setzte er sich aufs nächste beste. Sein Essen war gemeine Soldatenkost. Niemand freute sich groß, wenn man von ihm zur Mittagsmahlzeit eingeladen wurde. Manchmal ging er zu den gemeinen Soldaten ins Zelt, und war wie ihresgleichen.

Wenn ihn auf dem Marsch, oder im Lager, oder wo es war, etwas ankam, wo ein anderer an einem Baum steht, oder hinter eine Hecke geht, da machte er kurzen Prozeß. Seinetwegen durfte ihm jedermann zuschauen, wer's noch nie gesehen hat.

Bei den vornehmsten Gelegenheiten, wenn er in der kostbarsten Marschallsuniform voll Ehrenkreuzen und Ordenssternen dastand, und wo man ihn ansah, von Gold und Silber funkelte und klingelte, trieb er's doch wie ein säuberlicher Bauer, der wegwirft, was ein Herr in die Rocktasche steckt. Er schneuzte die Nase mit den Fingern, strich die Finger am Ärmel ab, und nahm alsdann wieder eine Prise aus der goldenen Dose.

Also lebte der General und Fürst Italinsky Suwarow.[23]

---

23 Ebd., S. 270-272.

## 11

Geschichtenerzählung ist narratio ut fabula (fabula verstanden als das lateinische Wort für Drama). Porträterzählung ist narratio ut pictura. Das Erzählen gerät dabei an seine Grenze: die Grenze zum Beschreiben. Immerhin aber läßt sich die Grenze einigermaßen genau bestimmen: Es gibt erzählerisches, und es gibt nichterzählerisches Beschreiben.[24]

## 12

Bilanz zum ersten Grundsatz:

- Erzählen ist sicherlich nicht selten, aber keineswegs immer Geschichtenerzählen mit dem Ergebnis einer in fünf spezifische Phasen gegliederten wohlgeformten Geschichtenerzählung (vgl. Schütze).
- Erzählen ist oft, aber keineswegs immer Geschichtenerzählen nach der »Elementarregel« des »narrativen Dreischritts« (Weinrich), gut aristotelisch mit Anfang, Mitte und Ende.
- Erzählen ist sicherlich noch öfter, aber dennoch nicht immer Erzählen von »Begebenheiten in zeitlicher Folge« (Forster) oder »Abbildung eines Wandels« (Stempel).
- Erzählen ist immer Darstellung einer Reihe zeitlich bestimmter Sachverhalte.

---

24 Vgl. unten: Grundsatz 7 sowie Gérard Genette: Die Erzählung, S. 84: »Die klassische Funktion der iterativen Erzählung ähnelt ... stark derjenigen der Beschreibung, mit der sie übrigens in einem engen Zusammenhang steht: das psychologische ›Porträt‹ etwa, eine Spielart der deskriptiven Gattung, arbeitet sehr oft ... mit einer Anhäufung iterativer Merkmale.«

## 2. Erzählen gilt Nichtaktuellem

### 1

Erzählen (zumal Geschichtenerzählen) gilt, gleichfalls nach allgemeiner Auffassung, als etwas, das mit Vergangenheit zu tun hat. »Geschichten«, heißt es in Thomas Manns »Vorsatz« zum »Zauberberg«, »müssen vergangen sein, und je vergangener, könnte man sagen, desto besser für sie in ihrer Eigenschaft als Geschichten und für den Erzähler, den raunenden Beschwörer des Imperfekts.«[25] »Damals – wie war's?« lautet, gleichermaßen beschwörerisch, eine Initialformel für das Erzählen bei Heimito von Doderer.[26] »Die Spuren der Vergangenheit«, so hat Johann Jakob Engel schon 1774 bemerkt, »lassen sich in der Erzählung durchaus nicht vertilgen.«[27]

Die Belege sind beliebig zu vermehren. Oft werden sie im Gegensatz zum Drama formuliert, das, wie man seinerseits herkömmlicherweise annimmt, etwas mit Gegenwart zu tun hat. Kanonisch ist Goethes und Schillers Grundsatz, »daß der Epiker die Begebenheit als *vollkommen vergangen* vorträgt und der Dramatiker sie als *vollkommen gegenwärtig* darstellt«.[28] Lapidar lautet bei Otto Ludwig die Formel für die Erzählung: »So war es einst«, und die Formel für das Drama: »So ist es«.[29] Ähnlich heißt es bei Grillparzer: »Die Lyrik spricht ein Gefühl aus; das Epos erzählt ein Geschehenes (für die Form gleichviel, ob wahr oder erdichtet); das Drama lügt eine Gegenwart.«[30] Im selben Sinn schreibt Thornton Wilder: »A play is what takes place. A novel is what

---

25 Thomas Mann, Der Zauberberg, Gesammelte Werke in Einzelbänden, hrsg. von Peter de Mendelssohn,, Frankfurt/M. 1981, S. 7.

26 Vgl. z.B. Heimito von Doderer, Roman No 7/I: Die Wasserfälle von Slunj, München 1963, S. 116.

27 Johann Jakob Engel, Über Handlung, Gespräch und Erzählung (1774), hrsg. von Ernst Theodor Voß, Stuttgart 1964, S. 232.

28 Goethe und Schiller, Über epische und dramatische Dichtung (1797), in: Goethes Werke, Weimarer Ausgabe I, 41. Bd., 2. Abt., S. 220.

29 Otto Ludwig, Gesammelte Schriften, hrsg. von Adolf Stern, Bd. 6, Studien, 2. Bd., Leipzig 1891, S. 100.

30 Franz Grillparzer in seinem Aufsatz »Über den gegenwärtigen Zustand der

one person tells us took place. The novel is a past reported in the present. On the stage it is always now.«[31]

Erzählen – so sollte man grundsätzlich formulieren können – gilt Vergangenem: Jetzt das Erzählen, damals das Erzählte – sei das Erzählte nun lange vergangen oder gerade erst vergangen, sei es selbsterlebt oder von anderen überliefert, sei es wirklich vergangen oder der Fiktion nach vergangen.

## 2

Gegen die allgemeine Auffassung, Erzählen sei grundsätzlich Darstellung von Vergangenem, hat, soweit ich sehe, einzig Käte Hamburger Einspruch erhoben.[32] Ihr Einspruch bezieht sich allerdings nicht auf alles Erzählen.

Soweit Erzählen, wie sie es nennt, »Wirklichkeitsaussage« ist, fällt es auch nach ihrer Theorie unter die allgemeine Regel: Es vergegenwärtigt Vergangenes. Zu diesem Typus rechnet Käte Hamburger nicht nur das Erzählen im Alltag und das Erzählen in der Geschichtsschreibung, sondern auch das Erzählen in der Fiktion der sogenannten Ich-Erzählung. Denn die Ich-Erzählung in dem Sinn, wie sie den Begriff versteht, hat dieselbe Struktur wie die »Wirklichkeitsaussage«. Der fiktive Autobiograph – etwa Felix Krull – blickt gerade so auf sein vergangenes Leben zurück wie der wirkliche Autobiograph.

Anders dagegen, meint Käte Hamburger, sei es beim fiktionalen Erzählen von dritten Personen, dem »episch-fiktionalen Erzählen«. Episch-fiktionale Erzählsätze haben nach ihrer Theorie nicht die Struktur der »Wirklichkeitsaussage«, sondern eine eigene – nirgendwoanders in der Sprache anzutreffende – Struktur. Es seien nicht Sätze von jemandem über etwas, von einem Subjekt über ein Objekt, von einem Ich über ein Er, von einem Erzähler über fiktive dritte Personen, sondern es seien Sätze, in denen der Dichter die Sprache so handhabt, daß dritte Personen als dritte in ihrer »Ich-Originität« oder Subjektivität dargestellt erscheinen. Der Kernsatz von Käte Hamburgers Theorie lautet: »Die epische Fiktion ist der einzige erkenntnistheoretische Ort, wo die Ich-

dramatischen Kunst in Deutschland« (1834), in: F. G., Sämtliche Werke, hrsg. von Peter Frank u.a., Bd. 3, Darmstadt 1964, S. 688.

31 Zit. nach Manfred Pfister, Das Drama, München 1977, S. 359.

32 Käte Hamburger, Die Logik der Dichtung (1957), Stuttgart $^{2}$1968.

Originität (oder Subjektivität) einer dritten Person als einer dritten dargestellt werden kann.«[33]

Das wesentliche Indiz für den Unterschied zwischen »epischer Fiktion« und »Wirklichkeitsaussage« sieht Käte Hamburger im Gebrauch des Präteritums. Nur im Bereich der »Wirklichkeitsaussage« habe das Präteritum die Funktion, die Vergangenheit des Erzählten anzuzeigen; in der »epischen Fiktion« verliere es seine vergangenheitsbezeichnende Funktion; als »episches Präteritum« habe es vielmehr die Funktion, allgemein die Fiktivität und des näheren die »fiktive Gegenwart« des Erzählten zu signalisieren.

Das Paradebeispiel, mit dem Käte Hamburger ihre Theorie zu veranschaulichen versucht hat, ist der mittlerweile legendär gewordene Satz »Morgen war Weihnachten«, den sie in einem Roman gefunden hat.[34] Die Kombination des Präteritums mit einem Zukunftsadverb in einem Satz ist für sie ein Indiz, daß das Präteritum hier keine Vergangenheit anzeigen könne. Im konstruierten Beispiel folgert sie, ein Satz wie »Herr X. war auf Reisen« bedeute zwar im Bereich der »Wirklichkeitsaussage«, daß Herr X. dann und dann zu einem bestimmten, inzwischen vergangenen Zeitpunkt auf Reisen gewesen ist, er verliere aber diese Bedeutung, wenn er in einer »epischen Fiktion« vorkomme: Hier bedeute er, daß Herr X. der Fiktion nach jetzt auf Reisen ist. In einem solchen Kontext verliere dann auch ein Satz wie »Morgen war Weihnachten« das sprachlich Anstößige, das er auf den ersten Blick vielleicht haben möge. Herr X. ist jetzt auf Reisen, aus seiner Sicht ist morgen Weihnachten.

Käte Hamburgers Theorie ist von Anfang an viel kritisiert und inzwischen in wesentlichen Punkten widerlegt worden.[35] Das gilt auch und gerade für die Auslegung ihres Paradebeispiels, das anfangs viele verwirrt hat. Der Satz »Morgen war Weihnachten« erklärt sich nach

33 Ebd., S. 73.

34 Es ist der Roman »Die Bräutigame der Babette Bomberling« von Alice Berend, vgl. Käte Hamburger, ebd., S. 65.

35 Zur neueren Kritik an Käte Hamburgers Theorie vgl. bes. Friedrich Wilhelm Zimmermann, Episches Präteritum, episches Ich und epische Normalform, in: Poetica 4, 1971, S. 306-324; Klaus Weimar, Kritische Bemerkungen zur ›Logik der Dichtung‹, in: DVjs. 48, 1974, S. 10-24; Gisa Rauh, Tempus und Erzähltheorie, in: W. Hüllen und R. Schulze (Hrsg.), Tempus, Zeit und Text, Heidelberg 1985, S. 63-81.

heutigem Forschungsstand leicht als ein Musterbeispiel für die sogenannte erlebte Rede. Die erlebte Rede ist, wie in den meisten einschlägigen Forschungsbeiträgen angenommen, durchweg durch eine doppelte Perspektive gekennzeichnet: die des Erzählers (oder allgemeiner: des Geschehensvermittlers) und die der Person, von der erzählt wird (oder allgemeiner: des Geschehensteilnehmers).[36] In bezug auf Käte Hamburgers Beispiel ist beides deutlich zu erkennen: Der Gebrauch des Präteritums folgt hier der Perspektive des Geschehensvermittlers: Es zeigt an, daß das Erzählte für ihn in der Vergangenheit liegt. Der Gebrauch des Zukunftadverbs dagegen folgt hier der Perspektive des Geschehensteilnehmers: Es zeigt an, daß das, wovon erzählt wird, für ihn in der Zukunft liegt.[37]

Mit Hilfe des Begriffs der erlebten Rede läßt sich Käte Hamburgers Theorie übrigens gleich in zwei Punkten widerlegen. Erlebte Rede gibt es zum einen nicht nur, wie sie annimmt, im fiktionalen Erzählen von dritten Personen, sondern ebensowohl in der Ich-Erzählung;[38] und erlebte Rede gibt es zum andern nicht nur in der Fiktion, sondern auch in der nichtfiktionalen Rede. Auf ein doppeltes Gegenbeispiel auf kleinstem Raum hat Volker Neuhaus mich gelegentlich aufmerksam gemacht: eine Stelle aus einem nichtfiktionalen Text in Ich-Form: aus Christa Wolfs Frankfurter Poetik-Vorlesungen. Es heißt hier einmal, eigens herausgerückt: »Morgen war Ostern.«[39] Der Satz klingt so, als habe Christa Wolf Käte Hamburger parodieren wollen.

Wenn die Kritik an Käte Hamburgers Theorie recht hat, braucht das »epische Präteritum« keinen eigenen Namen. Es ist kein anderes Präteritum als das, das wir alle im Erzählen verwenden. Wo immer es im Erzählen verwendet wird, in Fiktion oder Nichtfiktion, im Erzählen von sich selbst oder von dritten Personen, bezeichnet es die Vergangenheit

---

36 Begriff Geschehensteilnehmer in Abwandlung von Klaus Weimars Begriff Ereignisteilnehmer (vgl. K. W., Enzyklopädie der Literaturwissenschaft, München 1980, bes. S. 124).

37 Zur erlebten Rede vgl. grundlegend: Günter Steinberg, Erlebte Rede. Ihre Eigenart und ihre Formen in neuerer deutscher, französischer und englischer Erzählliteratur, Göppingen 1971.

38 Vgl. bes. Dorrit Cohn, Erlebte Rede im Ich-Roman, in: Germanisch-Romanische Monatsschrift NF 16, 1969, S. 305- 313.

39 Christa Wolf, Voraussetzungen einer Erzählung: Kassandra, Darmstadt 1983, S. 68.

des Erzählten. Es ist, anders als Käte Hamburger gewollt hat, geradezu eine Bestätigung der allgemeinen Auffassung, Erzählen sei Darstellung von Vergangenem.

## 3

Dennoch ist es richtig, gegen die allgemeine Auffassung, Erzählen sei immer Darstellung von Vergangenem, Vorbehalte geltend zu machen. Nur ist dabei anders zu argumentieren, als Käte Hamburger es getan hat. Nicht vom Typus der fiktionalen Erzählung über dritte Personen her, sondern unter Berufung auf einen anderen speziellen Typus der fiktionalen Erzählung: den Typus der, wie ich sie nennen möchte, fiktionalen Imaginationserzählung. Ich meine damit solche fiktionalen Erzählungen, in denen das Erzählte nicht illusionistisch, wie es üblicherweise in der fiktionalen Erzählliteratur der Fall ist, spielerisch als etwas Faktisches ausgegeben, sondern freimütig als etwas lediglich in der Phantasie Vorgestelltes, als etwas lediglich Imaginiertes eingestanden wird.

Mit anderen Worten: Illusionserzählung soll heißen: fiktionale Erzählung, deren Fiktionscharakter im Text spielerisch verschleiert wird; Imaginationserzählung soll heißen: fiktionale Erzählung, deren Fiktionscharakter im Text offen ausgesprochen wird.[40]

Geradezu schulmäßig hat Siegfried Lenz die beiden Typen in seiner kleinen Rahmenerzählung »Die Phantasie« (1974) demonstriert. Der Text besteht aus einer Illusionserzählung, in die drei Imaginationserzählungen eingelegt sind. Im Rahmenteil geht es um drei Schriftsteller, die nach einer Dichterlesung in einer Hamburger Kneipe zusammenkommen und dort eine aufgeregte Szene zwischen einer Frau und einem jungen Mann beobachten. Erzählt wird diese offenbar fiktive Begebenheit ganz so, wie es in fiktionaler Erzählliteratur üblich ist, im Gestus der Illusion, daß sie sich in Wirklichkeit zugetragen habe. Im selben illusionistischen Gestus steht auch noch die Herleitung der Binnenerzählungen: Die drei Schriftsteller machen es sich zur Aufgabe, einander zu erzählen, wie sie sich – jeder auf seine Weise – die Vorgeschichte der Szene zwischen dem Paar, das sie beobachten, vor-

40 Auf vergleichbare Weise unterscheidet Rüdiger Zymner »epische« und »hypothetische« Fiktionalität (R. Z., Uneigentlichkeit. Studien zur Semantik und Geschichte der Parabel, Paderborn 1991, bes. S. 128).

stellen. Die Binnenerzählungen selbst sind dann aber entschieden nichtillusionistisch: Ihre Erzähler behaupten erklärtermaßen nichts Wirkliches, sondern erwägen nur Mögliches. Ihre Produkte sind keine Illusionserzählungen, sondern Imaginationserzählungen.

Die Imaginationssignale sind deutlich ausgeprägt. Es gebe »nur eine Geschichte, die man ihnen anpassen kann«, meint der erste Erzähler, »die übliche Geschichte, und wenn ihr wissen wollt, wie ich sie mir vorstelle ... Also: ich sehe zum Beispiel diese Frau dort – für mich heißt sie Belinda – ihren Kindern bei den Schularbeiten helfen ...«. Der zweite beginnt: »Also hört zu ... denkt euch eine saubere, beengte Witwenwohnung, wir lassen es Nachmittag sein ...«. Über den dritten heißt es: »Und dann lieferte er uns seine Geschichte, die er ausdrücklich als Versuch bezeichnete ...«.[41]

Es ist offensichtlich, daß solche Texte, in denen das Erzählte im Erzählen als nur Vorgestelltes erklärt wird, nicht ohne weiteres mit der allgemeinen Auffassung zu vereinbaren sind, nach der das Erzählte zum Erzählen im Verhältnis der Vorzeitigkeit steht: Jetzt das Erzählen, damals das Erzählte. Wo Erzählen und Erzähltes sich wie Wirklichkeit und Nichtwirklichkeit zueinander verhalten, kann man nicht mehr sagen, sie verhielten sich zueinander wie Gegenwart und Vergangenheit.

## 4

Einzuräumen ist allerdings, daß der Typ der Imaginationserzählung, wie er in Siegfried Lenz' »Phantasie« realisiert ist, noch kein schlagendes Beispiel gegen die herkömmliche Auffassung vom Erzählen ist. Immerhin hat das, was die drei Schriftsteller sich hier vorstellen, ja noch mit Vergangenheit zu tun. Ihre Phantasie konzentriert sich, wie es ausdrücklich heißt, auf die »Vorgeschichte« der Szene, die sie in der Kneipe von weitem miterleben. Entsprechend gibt es noch einen Kompromiß mit der allgemeinen Auffassung vom Erzählen. Erzählen ist hier zwar nicht geradewegs Darstellung von Vergangenem, wohl aber kann man mit einer nur leichten Modifizierung der Formel sagen: Erzählen ist hier Darstellung von als vergangen Vorgestelltem. Jetzt das Erzählen, als damals vorgestellt das Erzählte.

---

41 Siegfried Lenz, Die Phantasie, in: S. L., Einstein überquert die Elbe bei Hamburg. Erzählungen, Hamburg 1975, S. 275, S. 284, S. 296.

## 5

Es gibt nun aber Realisierungen des Typs der Imaginationserzählung, bei denen sich dieser Kompromiß nicht mehr machen läßt. Imaginationserzählungen zumal, in denen das Erzählte als zukünftig oder als in der Zukunft möglich vorgestellt wird.

Ich meine damit nicht den gewöhnlichen Fall des Zukunftsromans. Gewöhnlich ist der Zukunftsroman illusionistisch erzählt. Das fiktive Geschehen, das seiner Datierung nach für Autor und Leser in der Zukunft liegt – sei es in der Zeit um 2200 wie in Hermann Hesses »Glasperlenspiel« oder 100.000 Jahre nach unserem Jahrhundert wie in Franz Werfels »Stern der Ungeborenen« –, wird üblicherweise von einem Erzähler vermittelt, der einen noch weiter in der Zukunft zu denkenden Standpunkt innehat, von dem aus er schon auf das erzählte Geschehen als inzwischen vergangenes Geschehen zurückblickt.[42] Die gewöhnliche Auffassung vom Erzählen als Darstellung von Vergangenem ist damit nicht angetastet.

Anders aber ist es in solchen Texten, in denen ausgesprochen aus der Sicht des gegenwärtig Erzählenden künftig mögliches Geschehen entworfen wird. Marie Luise Kaschnitz' Kurzgeschichte »Der Tag X« (1966) ist solch ein Text. Die Autorin läßt hier eine von ihr erfundene Person (eine Frau namens Reiter) schildern, wie sie sich den Tag X vorstellt:

> Sie wissen schon, was für einen Tag ich damit meine. Das X steht da für ein U, U gleich Untergang, Weltuntergang nicht gerade, aber doch etwas Ähnliches, unsere Stadt weg, alle Häuser, Schulen, Bibliotheken, alle Männer und Frauen und Kinder, alles, wofür wir gelebt haben, und es mag sein, daß dann noch menschliche Wesen irgendwo herumkriechen, aber nicht lange, und was noch geboren wird, ist schon im Keime zerstört.[43]

Auch hier sind die Imaginationssignale deutlich gesetzt. Am Ende mit der Formel: »Ja, so wird es sein«. Am Anfang mit der Formel: »Neh-

42 Zur Diskussion des Erzählens in Hesses »Glasperlenspiel« und Werfels »Stern der Ungeborenen« vgl. Käte Hamburger, Das epische Präteritum, in: DVjs. 27, 1953, S. 329f., und Harald Weinrich, Tempus. Erzählte und besprochene Welt, Stuttgart 1964, S. 19f.

43 Marie Luise Kaschnitz, Ferngespräche. Erzählungen, Frankfurt/M. 1966, S. 184.

men wir an«: »nehmen wir an, es ist schönes Wetter; nehmen wir an, der Sommer hat sich gewendet, die Sonnenblumen blühen ...«[44] Was zwischen Anfang und Ende liegt, ist dann Erzählung, wie Erzählung sonst ist: Erzählung eines Tagesablaufs mit seinen einzelnen Stationen nach dem Schema »und dann und dann«. Der Unterschied gegenüber gewöhnlicher Erzählung ist nur, daß hier von einer Spannung zwischen Jetzt und Damals, wie sie sonst für das Erzählen charakteristisch ist, absolut keine Rede sein kann. Der Text läßt sogar zweifeln, ob nach dem Tag X noch jemand in der Lage sein könnte, irgendjemandem von dem Tag X zu erzählen. Die Faustformel, Erzählen sei Darstellung von Vergangenem, versagt hier völlig.

## 6

Unter den »Stilübungen. Autobus S« (1947) von Raymond Queneau ist der Typus der Zukunfts-Imaginationserzählung durch den Text »Vorhersage« vertreten:

Wenn es Mittag sein wird, wirst du dich auf der hinteren Plattform eines Autobusses befinden, auf der viele Fahrgäste zusammengepfercht sein werden, zwischen denen du einen lächerlichen Jüngling bemerken wirst: knochiger Hals und kein Band am weichen Filz. Er wird sich nicht wohlfühlen, der Kleine. Er wird denken, daß ein Herr ihn absichtlich anrempelt, sooft Leute vorbeikommen, die ein- oder aussteigen. Er wird es ihm sagen, aber der andere, voller Verachtung, wird ihm nicht antworten. Und der lächerliche Jüngling, von Panik ergriffen, wird ihm davonwetzen, einem freien Platz zu.

Du wirst ihn etwas später an der Cour de Rome, vor der Gare Saint-Lazare, wiedersehen. Ein Freund wird ihn begleiten, und du wirst diese Worte hören: »Dein Überzieher schlägt nicht gut übereinander, Du mußt noch einen Knopf daran anbringen lassen.«[45]

## 7

Um auch solchen Arten der Erzählung gerecht zu werden, wie sie der Typ der Imaginationserzählung – zumal der Typ der Zukunfts-Ima-

---

44 Ebd., S. 196, S. 184.

45 Raymond Queneau, Stilübungen. Autobus S (Exercices de style, 1947), Frankfurt/M. 1961, S. 15.

ginationserzählung – darstellt, möchte ich als zweiten Grundsatz zum Erzählen formulieren: *Erzählen gilt Nichtaktuellem.*[46]

Wo immer erzählt wird, ist das Erzählte aus der Sicht des Erzählenden, um das mindeste zu sagen, nichtaktuell. Sei es nichtaktuell, weil es – wie es sicherlich meistens der Fall ist – für den Erzählenden vergangen ist (ganz gleich, ob wirklich vergangen oder der Fiktion nach vergangen). Sei es nichtaktuell, weil es aus der Sicht des Erzählenden imaginär ist – und hier ganz gleich, ob als vergangen imaginiert (wie bei Siegfried Lenz) oder ob als künftig möglich imaginiert (wie bei Marie Luise Kaschnitz und Raymond Queneau).

## 8

Bilanz zum zweiten Grundsatz:
- Erzählen ist oft, aber nicht immer Darstellung von Vergangenem.
- Erzählen ist oft, aber nicht immer Darstellung von als vergangen Vorgestelltem.
- Erzählen kann auch Darstellung von als künftig möglich Vorgestelltem sein.
- Erzählen ist immer Darstellung von Nichtaktuellem.

46 Entsprechend allgemein ist die Formulierung bei Dieter Janik, Die Kommunikationsstruktur des Erzählwerks, Bebenhausen 1973, S. 28: »Die Erzählrede ... dient zur Wiedergabe eines von der Sprechsituation unabhängigen Zusammenhangs von Tatsachen.« Schon zu speziell ist aber der anschließende Satz durch Pointierung der Vorzeitigkeit: »Die Redeinhalte betreffen Tatsachen, Erfahrungen und Redesituationen, die der aktuellen Redesituation vorausliegen.« (ebd.)

## 3. Erzähler sind Außenstehende

### 1

Erzählende Rede als Rede von Nichtaktuellem profiliert sich, wenn man sie gegen Formen der Rede abgrenzt, die es mit Aktuellem zu tun haben. Zu denken ist dabei nicht nur an die dramatische Rede, sondern auch an die (im Epos begründete und dann vor allem aus dem Drama bekannte) Teichoskopie oder Mauerschau: die simultane Darstellung von aktuell ablaufendem Geschehen durch eine dem Geschehen beobachtend gegenüberstehende Person.

Ganz klar wird der Unterschied zwischen erzählendem und teichoskopischem Sprechen, wenn man sich die beiden Sprechertypen, um die es hier geht, sinnlich vergegenwärtigt. Den Erzähler einerseits mit seiner Distanz vom Erzählten, die es ihm erlaubt, in aller Gelassenheit bald vor-, bald zurückzugreifen – unbekümmert um die Zeitfolge des Erzählten.[47] Den Teichoskopen andrerseits in seiner Gespanntheit, mit der er das vor seinen Augen ablaufende Geschehen verfolgt, dessen Ausgang für ihn ebenso ungewiß ist wie für die aktiv daran beteiligten Personen. Noch plastischer wird der Unterschied, wenn man den Teichoskopen mit seinem modernen Namen benennt: dem des Live-Reporters. Live-Reportage ist strukturell nichts anderes als Teichoskopie.

### 2

Ein Musterbeispiel für den Einsatz einerseits teichoskopischer, andrerseits erzählend-berichtender Rede ist die Darstellung des Untergangs von Philemon und Baucis im »Faust II«. Lynkeus der Türmer (geradezu das Urbild des Live-Reporters: »Zum Sehen geboren, zum Schauen bestellt«) spricht teichoskopisch: angesichts des laufenden Geschehens, das er von ferne gewahr wird:

47 Vgl. Goethe und Schiller: Über epische und dramatische Dichtung, S. 223.

Funkenblicke seh ich sprühen,
Durch der Linden Doppelnacht;
Immer stärker wühlt ein Glühen,
Von der Zugluft angefacht.
Ach, die innre Hütte lodert,
Die bemoost und feucht gestanden!
Schnelle Hülfe wird gefodert,
Keine Rettung ist vorhanden.
Ach, die guten alten Leute,
Sonst so sorglich um das Feuer,
Werden sie dem Qualm zur Beute!
Welch ein schrecklich Abenteuer!
Flamme flammet, rot in Gluten
Steht das schwarze Moosgestelle;
Retteten sich nur die Guten
Aus der wildentbrannten Hölle![48]

Mephisto (wenige Verse später) spricht erzählend-berichtend: im Abstand zu dem mittlerweile schon abgelaufenen Geschehen:

Wir klopften an, wir pochten an,
Und immer ward nicht aufgetan.
Wir rüttelten, wir pochten fort:
Da lag die morsche Türe dort.
Wir riefen laut und drohten schwer;
Allein wir fanden kein Gehör,
Und wies in solchem Fall geschicht:
Sie hörten nicht, sie wollten nicht!
Wir aber haben nicht gesäumt,
Behende dir sie weggeräumt.[49]

## 3

Teichoskopie ist, prinzipiell gesehen, eine gleichermaßen universale Redeform wie das Erzählen. Einzuräumen ist allerdings, daß sie weniger flexibel ist. Selten einmal dürfte es vorkommen, daß sie in der Literatur die Struktur eines ganzen Texts bestimmt; in der Regel trägt sie nur einzelne Textteile. Geläufig ist sie vor allem als Binnen-Teichoskopie in Erzählung oder Drama, indem eine Figur der Handlung episo-

48 Vers 11305ff.
49 Vers 11352ff.

disch berichtet, was sie aktuell wahrnimmt. Beispiel in nuce ist »Emilia Galotti« III, 3: der Prinz zu Marinelli: »Dort kömmt sie die Allee herauf ...«

Neben dieser seit Homers »Ilias« (III, 145ff.) bekannten Form der Teichoskopie, in der ein episch oder dramatisch dargestellter Akteur für eine Weile die Rolle des Teichoskopen übernimmt (Helena auf dem skäischen Tor), gibt es die Teichoskopie in neuerer Literatur aber auch in der Form, daß der darstellende Sprecher des Texts die Rolle des Teichoskopen spielt. Rahmen-Teichoskopie (im Unterschied zur Binnen-Teichoskopie) ist es etwa, wenn Texte so beginnen wie:

- »Da geht Sophia mit schwingenden Schritten ...« (Siegfried Lenz, »Die Phantasie«, Textpartie Klimkes)[50]
- »Da geht ein kleiner Mann ...« (Robert Wolfgang Schnell, »Letzte Gedanken vor dem Zitronenkauf«)[51]
- »Was Sie da hören, sind seine Schritte ...« (Marie Luise Kaschnitz, »Der Angehörige«).[52]

Im weiteren Verlauf geben sich die Sprecher dieser Texte zwar früher oder später mehr oder weniger deutlich als Erzähler zu erkennen, doch sind die zitierten Sätze vorerst noch nicht als Erzählersätze identifizierbar. Es sind Teichoskopen-Sätze. Sie bieten (noch) keine Handhabe dafür, zu sagen, daß hier und jetzt jemand erzähle, was dort und damals geschah. Sie erlauben nur, es (einstweilen) so zu sehen, daß hier und jetzt jemand berichtet, was hier und jetzt vor seinen Augen geschieht. Ihr Sprecher spielt (noch) nicht die Rolle des Erzählers (Rede über Nichtaktuelles), sondern (einstweilen) die des Teichoskopen (Rede über Aktuelles).

## 4

Von teichoskopischer Struktur ist, um ein berühmtes Beispiel zu nennen, auch die Exposition von Thomas Manns Novelle »Tristan«. Es wird hier zwar nicht so sehr Geschehen geschildert, sondern nur ein

---

50 Siegfried Lenz: Die Phantasie, S. 296.
51 Robert Wolfgang Schnell, Das Leben ist gesichert. Erzählungen, Hamburg 1968, S. 83.
52 Marie Luise Kaschnitz: Ferngespräche, S. 197.

Zustandsbild skizziert, doch ändert das nichts an der Grundstruktur. Zwar wissen wir, daß es sich bei dieser Novelle um eine Erzählung handelt, aber wir wissen das nicht von Anfang an. Der ganze erste Abschnitt steht im Präsens; seine Struktur läßt sich schon an den Anfängen der sieben Absätze, aus denen er besteht, unschwer ablesen:

Hier ist ›Einfried‹, das Sanatorium! (...) Nach wie vor leitet Doktor Leander die Anstalt (...) Was Fräulein von Osterloh betrifft (...) Ozon und stille, stille Luft ... für Lungenkranke ist ›Einfried‹ (...) aufs wärmste zu empfehlen (...) Dann und wann stirbt jemand von den ›Schweren‹ (...) Ja, es geht lebhaft zu hierselbst (...) Übrigens ist (...) noch ein zweiter Arzt vorhanden (...)

Hätten wir nur diesen Text und wüßten wir nicht, daß er bloß die Einleitung einer Novelle ist, die vom zweiten Abschnitt an eine Novelle in Form einer Erzählung ist, so bestünde kein Anlaß, hier von Erzählen zu sprechen (vorausgesetzt, daß man das Wort im strengen Sinn versteht). Es heißt eben nicht gut erzählerisch: »Es war in ›Einfried‹, einem Sanatorium ...«, sondern es heißt gut teichoskopisch: »Hier ist ›Einfried‹, das Sanatorium ...«. Und eben dieser Gestus prägt auch das weitere. Der Autor spricht hier in seinem Spiel nicht als Erzähler (Rede von Nichtaktuellem), sondern als Teichoskop oder Live-Reporter (Rede von Aktuellem). »Was Fräulein von Osterloh betrifft«, wird er einmal sogar ganz teichoskopisch lebhaft: »Mein Gott, wie tätig sie, treppauf und treppab, von einem Ende der Anstalt zum anderen eilt!« Als Erzähler spricht der Autor in seinem Spiel erst vom zweiten Abschnitt an: »Anfang Januar brachte Großkaufmann Klöterjahn – in Firma A.C. Klöterjahn & Comp. – seine Gattin nach ›Einfried‹«: Hier erst geht es los mit dem Erzählen.[53]

53 Thomas Mann, Frühe Erzählungen, Gesammelte Werke in Einzelbänden, hrsg. von Peter de Mendelssohn, Frankfurt/M. 1981, S. 217-219. Zur Diskussion des Darstellungsverfahrens in Thomas Manns »Tristan« vgl. bes. Roland Harweg, Präsuppositionen und Redekonstruktion. Zur Erzählsituation in Thomas Manns »Tristan« aus textlinguistischer Sicht, in: Michael Schecker und Peter Wunderli (Hrsg.), Textgrammatik, Tübingen 1975, S. 166-185; Franz K. Stanzel, Theorie des Erzählens, Göttingen $^{2}$1982, S. 234-239; Bruno Roßbach, Spiegelungen eines Bewußtseins. Der Erzähler in Thomas Manns »Tristan«, Marburg 1989.

## 5

Teichoskopisches Sprechen wird oft mit dem verwechselt, was man in der Literaturwissenschaft »szenisches Erzählen« nennt. Angelegt ist die Verwechslung schon bei dem Erfinder dieses Begriffs, bei Otto Ludwig.[54]

In seiner ausführlichen Erläuterung der »szenischen Erzählung«, die er von der »eigentlichen Erzählung« (»wie man im gewöhnlichen Leben zu erzählen pflegt«) abgrenzt, formuliert Otto Ludwig in aller Vorsicht, hier werde »gewissermaßen« »durch das Ohr dem Auge mitgeteilt«, die Sache werde dem Leser »vor das innere Auge gestellt«, der Leser werde »zu einer Art Zuschauer und Zuhörer« gemacht, der die vom Erzähler vorgestellten »Gestalten sieht und ihre Reden hört – aber mittelst des innern Sinnes«. In seiner Kurzdefinition der »szenischen Erzählung« fehlen dagegen solche vorsichtigen Einschränkungen. Er schreibt hier: »Der so Erzählende erlebt die Geschichte und läßt sie den Leser mit erleben.« Was fehlt, ist zumindest ein »gewissermaßen« oder »gleichsam«. Jedenfalls meint Otto Ludwig, wie aus seinem Artikel insgesamt klar hervorgeht, daß der »szenisch Erzählende« die Geschichte, die er erzählt, nur »gewissermaßen«, nur »gleichsam« erlebe.

Läßt man die Einschränkung weg, dann ist, genau genommen, nicht der »szenisch Erzählende«, sondern der Teichoskop definiert. Der Teichoskop erlebt wahrlich die Geschichte, die er aus unmittelbarer Beobachtung vermittelt.

Der Unterschied ist haarfein, aber dennoch trennscharf. Es ist eine Art Unterschied wie der zwischen Als und Wie. Der Teichoskop spricht *als* Geschehensbeobachter, er sieht, was er sagt, und er sagt, was er sieht. Der szenisch Erzählende spricht dagegen nur *wie* ein Geschehensbeobachter, er sieht, während er erzählt, nicht unmittelbar, was er ausspricht, er verhält sich nur so, als ob er unmittelbar beobachte, als ob er das erzählte Geschehen, das er schon kennt und dessen Ausgang er schon weiß, jetzt erst kennen lerne. Szenisches Erzählen ist, mit einem Wort, rhetorisch verstelltes Erzählen. Der szenisch Erzählende gibt sich rhetorisch als Teichoskop aus, ohne es wirklich zu sein.

---

54 Otto Ludwig, Formen der Erzählung, in: O. L., Romane und Romanstudien, hrsg. von William Lillyman, München 1977, S. 654-657.

## 6

Im übrigen ist in diesem Zusammenhang auf eine weitere terminologische Unklarheit im Sprachgebrauch der Literaturwissenschaft hinzuweisen. In Beiträgen zur literaturwissenschaftlichen Erzähltheorie ist immer wieder zu beobachten, daß Otto Ludwigs Terminus »szenische Erzählung« gleichbedeutend mit dem Begriff »szenische Darstellung« verwendet wird. Das macht zwar sicherlich nichts aus, solange man sich nur auf den engeren Bereich der berichtend-erzählend strukturierten Literatur bezieht. Hier kommt es wesentlich nur auf die beiden Formen an, die Otto Ludwig unterschieden hat – mag man sie nun, wie Ludwig, »eigentliche« und »szenische Erzählung« nennen oder, wie andere es tun, »Bericht« und »szenische Darstellung« oder einfach »Bericht« und »Darstellung« oder auch – wie im Englischen üblich – »telling« und »showing«.[55] Wenn man dagegen den Kreis weiterzieht und sich nicht nur auf berichtend-erzählend strukturierte Texte oder Textteile konzentriert, sondern auch anders strukturierte miteinbezieht, kann es zu Mißverständnissen führen, wenn man »szenische Erzählung« und »szenische Darstellung« terminologisch nicht klar voneinander trennt. »Szenische Erzählung« ist ein klarer Begriff für eine spezielle Erzähltechnik; ihr Subjekt ist ein Erzähler. »Szenische Darstellung« ist dagegen nur so lange ein klarer Begriff, wie er als Bezeichnung für das spezifische Darstellungsverfahren des Dramatikers verwendet wird.

## 7

Überhaupt ist zu bemerken, daß sich in die Sprache der Theorie des Erzählens in der Literaturwissenschaft allenthalben Begriffe aus der Theorie des Dramas oder des Theaters eingeschlichen haben – nicht selten in Form metaphorischer Verwendung und nicht selten auf Kosten der Klarheit. Besonders gilt dies für Begriffe, die an das Sehen appellieren. Plausibel in bezug auf das Theater, führen sie auf falsche Fährten, wenn man sie auf das Erzählen überträgt. Eklatant schief ist beispielsweise das vielzitierte Aperçu Käte Friedemanns, der Erzähler

55 Vgl. z.B. Eberhard Lämmert: Bauformen des Erzählens, S. 89, Franz K. Stanzel, Typische Formen des Romans, Göttingen 1964, S. 11.

sei »*der* Bewertende, *der* Fühlende, *der* Schauende«.[56] Bewerten und Fühlen mag hingehen, aber ein »Schauender« ist der Erzähler ja nun gerade nicht. Wo erzählt wird, handelt es sich vielmehr (mit Jakob Wassermann zu sprechen, den Käte Friedemann in diesem Zusammenhang selber zitiert) in aller Regel »um ein Gelebt*haben,* Gesehen*haben*, Geschehen*sein*«,[57] kategorial um Nichtaktuelles.

## 8

Erzählende Rede als Rede von Nichtaktuellem ist weiterhin zu profilieren, wenn man sie gegen die prominenteste Form der Rede, die es mit Aktuellem zu tun hat, abgrenzt: gegen die dramatische Rede.

Gegen die teichoskopische Rede ist die erzählende Rede gleichsam nur einfach abgesetzt: als Rede von Nichtaktuellem gegenüber Rede von Aktuellem. Dabei haben die Sprecher noch miteinander gemeinsam, daß sie betrachtende Geschehensvermittler sind, nicht tathandelnde Geschehensteilnehmer. Sie stehen außerhalb des (nichtaktuellen oder aktuellen) Geschehens, das sie vermitteln; sie vollziehen es in ihrer Rede nur nach oder mit, sie vollziehen es nicht selbst. Damit unterscheiden sie sich beide gleichermaßen von der dramatis persona, von dem im Geschehen stehenden Akteur, der redend tathandelt. Gegen die dramatische Rede ist die erzählende Rede dementsprechend doppelt abgesetzt: als Rede, die es mit Nichtaktuellem zu tun hat, gegenüber Rede, die es mit Aktuellem zu tun hat, und als geschehensnachvollziehende Rede gegenüber geschehensvollziehender Rede.

Um diesen Unterschied zu pointieren, mag es genügen, als weiteren Grundsatz zum Erzählen zu formulieren: *Erzähler sind Außenstehende.* (Um Mißverständnisse zu vermeiden, ist hinzuzufügen, daß dies auch für die Erzähler in den sogenannten Ich-Erzählungen gilt: Sie sind nur als Erlebende oder Beobachtende in das erzählte Geschehen verstrickt, als Erzählende sind sie Außenstehende.)

## 9

Es wäre nicht nötig, diesen Grundsatz geltend zu machen, wenn es sich in der Literaturwissenschaft nicht eingebürgert hätte, eine ganze Reihe

---

56 Käte Friedemann, Die Rolle des Erzählers in der Epik, Berlin 1910, S. 26.
57 Ebd., S. 27.

von Texten, die auf der Fiktion dramatischer Rede beruhen, mehr oder weniger unbedenklich oder großzügig als »Erzählungen« anzusehen. Es geht dabei hauptsächlich um zwei Arten von Texten. Zum einen um Texte in Form der monodramatischen Szene, zum andern um Texte in Form des inneren Monologs.

## 10

Texte in Form der monodramatischen Szene oder Szenenfolge haben natürlich ihren angestammten Platz innerhalb der dramatischen Literatur, wenn sie eigens dazu bestimmt sind, auf der Bühne aufgeführt zu werden. Man kommt nicht auf die Idee, Texte wie Peter Hacks' »Rede der Frau von Stein über den abwesenden Herrn von Goethe« (1977) oder Patrick Süskinds »Kontrabaß« (1984) der »Erzählliteratur« zuzuschlagen. Anders ist es dagegen bei Texten, die dieselbe Struktur haben, dabei aber im Medium der Buchliteratur (nicht der Theaterliteratur), etwa im Verbund mit Kurzgeschichten, veröffentlicht werden. Hier ist es der Brauch, das Medium (Buch) höher zu veranschlagen als die Struktur (dramatisch strukturierter Text) und einschlägige Texte pauschal als »Erzähltexte« zu bezeichnen.

Ein Beispiel ist etwa Wolfdietrich Schnurres Kurzgeschichte »Rückblick« (1976). Sie ist kein für die Bühne bestimmter Text, sie ist sehr wohl eine Kurzgeschichte, aber sie ist dabei kein erzählend strukturierter Text. Sie besteht aus dramatischer Rede einer Frau im Alkoholrausch, die auf ihre nur in der Einbildung präsenten ehemaligen Liebhaber einredet:

> Nich doch, Kurt; das is nu schon die dritte Flasche, Mann. – Was sagste? – Na ja, auch wieder wahr. – Tatsache, schmeckt immer besser, das Zeug. – So, Männer. Beschnuppert habt ihr euch nu. Ich faß also zusammen. Euch eint die Macht der Liebe. Auf deutsch: Ihr habt alle mal s selbe Mädel gemocht, nämlich mich. Ich glaub, ich kann davon ausgehn, *den* Schock habt ihr jetz weg. – Also, dann erst mal prost. – ...[58]

Es sollte deutlich sein, daß diese Sprecherin keine Erzählerin ist. Sie ist keine Außenstehende, sie steckt mittendrin im Geschehen.

58 Wolfdietrich Schnurre, Ich brauch Dich, München 1977, S. 85.

## 11

Ähnlich verhält es sich mit Texten, die durchgängig aus innerem Monolog bestehen. Jürgen Zenke hat ihnen, was die deutsche Literatur betrifft, eine Studie gewidmet und sich dabei leider für die Gattungsbezeichnung »Monologerzählung« entschieden. Immerhin gibt er in seinen Ausführungen zu, daß es sich dabei um einen »Notbehelf« handelt; denn der »Oberbegriff ›Erzählung‹«, so schreibt er treffend, »ignoriert den Fiktionsanspruch des inneren Monologs, nicht mehr ›erzählt‹ zu werden«.[59]

Mittlerweile berühmte Beispiele für Texte in Form des inneren Monologs sind Arthur Schnitzlers Novellen »Lieutenant Gustl« (1901) und »Fräulein Else« (1924). Man trifft ihre Struktur nicht, wenn man sie mit den sogenannten Ich-Erzählungen auf eine Stufe stellt. Ihre Sprecher sind keine Erzähler, sondern dramatische Akteure. Im Unterschied zu den Sprechern der monodramatischen Szene fehlt ihnen sogar noch eine weitere Voraussetzung, die zu den Grundbedingungen des Erzählens gehört: die Ausrichtung der Rede auf einen Adressaten. Ihre Rede (wenn man sie überhaupt noch so bezeichnen kann) ist, idealtypisch gesehen, rein innerlich. Anfang »Lieutenant Gustl«:

> Wie lange wird denn das noch dauern? Ich muß auf die Uhr schauen ... schickt sich wahrscheinlich nicht in einem so ernsten Konzert. Aber wer sieht's denn? Wenn's einer sieht, so paßt er gerade sowenig auf, wie ich, und vor dem brauch' ich mich nicht zu genieren ... Erst viertel auf zehn? ... Mir kommt vor, ich sitz' schon drei Stunden in dem Konzert. Ich bin's halt nicht gewohnt ... Was ist es denn eigentlich? Ich muß das Programm anschauen ... Ja, richtig: Oratorium? Ich hab' gemeint: Messe. Solche Sachen gehören doch nur in die Kirche. Die Kirche hat auch das Gute, daß man jeden Augenblick fortgehen kann. – Wenn ich wenigstens einen Ecksitz hätt'! – Also Geduld, Geduld! Auch Oratorien nehmen ein End'! Vielleicht ist es sehr schön, und ich bin nur nicht in der Laune. Woher sollt' mir auch die Laune kommen? Wenn ich denke, daß ich hergekommen bin, um mich zu zerstreuen ... Hätt' ich die Karte lieber dem Benedek geschenkt, dem machen solche Sachen Spaß; er spielt ja selber Vio-

---

59 Jürgen Zenke, Die deutsche Monologerzählung im 20. Jahrhundert, Köln 1976, S. 48. Vgl. auch Alan Corkhill, Monologisches Erzählen am Beispiel deutscher Kurzprosa seit 1945, in: Colloquia Germanica 20, 1987, S. 184-202.

line. Aber da wär' der Kopetzky beleidigt gewesen. Es war ja sehr lieb von ihm, wenigstens gut gemeint. ...[60]

Differenzierend kann man hinzufügen, daß die partnerbezogene monodramatische Szene noch dafür offen ist, partienweise erzählende Rede in sich aufzunehmen. Es muß ja nicht so sein, daß der Sprecher hier permanent auf seinen Hörer agierend, agitierend einredet, es kann sein, daß er sich episodisch von seiner Situation löst und mehr oder weniger entspannt etwa von zurückliegendem (nichtaktuellem) Geschehen berichtet oder erzählt. Im inneren Monolog dagegen verbietet sich, idealtypisch gesehen, diese Möglichkeit – in dem Maß, wie es hier für den Sprecher keinen Partner gibt, dem er etwas zu erzählen hätte.

Nicht zu übersehen ist allerdings, daß sich praktisch in Texten in Form des inneren Monologs – gleichsam stilwidrig – immer wieder zumindest Spuren des Erzählens bemerkbar machen. Sätze wie »Nun wende ich mich noch einmal um und winke ihnen zu« (wie es gelegentlich in »Fräulein Else« heißt) sind schwerlich mit dem Stil des inneren Monologs vereinbar. Sie sind, wie man will, bloß notdürftig in Ich-Form übersetzte Regiebemerkungen des Autors als Dramatiker oder in Ich- und Präsens-Form übersetzte epische Rede des Autors als Erzähler. Der stilistische Krampf ist sozusagen das Opfer, das der Schreiber des inneren Monologs dafür bezahlen muß, daß er sich weder der epischen noch ganz der dramatischen Muse anvertraut hat.

## 12

Bilanz zum dritten Grundsatz:

- Erzählende Rede ist Nachvollzug von Nichtaktuellem durch einen Außenstehenden. Meist: oratio post actum.
- Teichoskopische Rede ist Mitvollzug von Aktuellem durch einen Gegenüberstehenden. Oratio coram actu.
- Szenisch erzählende Rede ist Nachvollzug von Nichtaktuellem durch einen Außenstehenden in derart suggestiver Form, als ob sie Mitvollzug von Aktuellem durch einen Gegenüberstehenden wäre. Oratio quasi coram actu.
- Dramatische Rede ist Vollzug von Aktuellem durch einen im Geschehen Stehenden. Oratio in actu.

---

60 Arthur Schnitzler, Gesammelte Werke. Die erzählenden Schriften, Bd. 1, Frankfurt/M. 1961, S. 337.

# 4. Erzählen hat zwei Orientierungszentren

1

Der Grundsatz »Erzählen gilt Nichtaktuellem« impliziert, daß Erzählen in Relation zu seinem Gegenstand jeweils als aktuelle Rede vorzustellen ist. Ebenso impliziert der Grundsatz »Erzähler sind Außenstehende«, daß zum Gegenstand des Erzählens in aller Regel im Geschehen stehende Personen gehören. Beides zusammen macht die spezifische Zweipoligkeit oder Zweidimensionalität oder doppelte Orientiertheit des Erzählens aus. Es lohnt sich, dies eigens grundsätzlich festzuhalten – zumal um Mißverständnissen angesichts besonderer Erscheinungen in der fiktionalen Erzählliteratur vorzubeugen. Grundsatz 4 also: *Erzählen hat zwei Orientierungszentren.*[61]

2

Orientierungszentrum I soll heißen: das Orientierungszentrum des Erzählenden in seinem Ich-Hier-Jetzt-System; Orientierungszentrum II soll heißen: das Orientierungszentrum der Personen, von denen erzählt wird, in ihrem Ich-Hier-Jetzt-System. In allen Fällen voll explizierter Erzählung sind beide Orientierungszentren leicht auseinanderzuhalten. Kriterium ist dabei vor allem der Gebrauch deiktischer Wörter wie »jetzt«. Das Wort »jetzt« in der Erzählung bezieht sich bald auf den Erzählenden (Orientierungszentrum I: »Jetzt erzähle ich ...«), bald auf das Erzählte, auf die Personen, von denen erzählt wird (Orientierungszentrum II: »Jetzt geschah ...« oder »Jetzt erfuhr ich ...«).

Den klarsten Fall solcher doppelter Orientierung bildet die sogenannte Ich-Erzählung, wenn sie vom Memoirentyp ist. Das Orientierungs-

---

61 Vgl. Karl Bühler, Sprachtheorie, Jena 1934. – Zum besonders effektiven Gebrauch des Begriffs Orientierungszentrum vgl. Gisa Rauh, Linguistische Beschreibung deiktischer Komplexität in narrativen Texten, Tübingen 1978, S. 23ff. – Zum Begriff »Zweidimensionalität« vgl. Jürgen H. Petersen, Kategorien des Erzählens, in: Poetica 9, 1977, S. 175ff. Petersen gebraucht den Begriff allerdings nur in bezug auf »ichhaftes Erzählen«.

zentrum I bildet das sich erinnernde erzählende Ich; das Orientierungszentrum II bildet das erinnerte, seinerzeit erlebende, sozusagen erzählte Ich. Als erzählendes Ich ist es ein inzwischen Außenstehender in Betrachtung von inzwischen Nichtaktuellem, als erlebendes Ich ist es ein in einem aktuellen Geschehen stehender Akteur.

## 3

Besonders hilfreich ist das Instrument des Orientierungszentrums bei der Unterscheidung von Texten in Form des inneren Monologs gegenüber Texten in Form der erlebten Rede. Zwar sind die Formen der erlebten Rede und des inneren Monologs, was das Gegenständliche betrifft, sicherlich oft nur stilistische Varianten der Figurenbewußtseinsdarstellung. Sicherlich ist entsprechend oft nur stilistisch zu differenzieren, wenn beide Formen nebeneinander partiell in erzählenden Texten verwendet werden. Doch ist darüber nicht zu übersehen, daß die beiden Formen, was das Strukturelle betrifft, grundverschieden sind. Unübersehbar ist dies vor allem dann, wenn sie ganze Texte bestimmen. Der innere Monolog ist genuin dramatisch und insofern eindimensional: Rede mit nur einem einzigen Orientierungszentrum, Rede allein einer im Geschehen stehenden Person: Aktuell die (innere) Rede, aktuell das Geschehen.[62] Die erlebte Rede dagegen ist spezifisch erzählerisch und damit zweidimensional: Rede mit zwei Orientierungszentren, Rede eines außenstehenden Geschehensvermittlers über eine im Geschehen stehende Person mit Einfühlung in deren Gedanken: Aktuell die Rede des Geschehensvermittlers, nichtaktuell die einfühlsam wiedergegebenen Gedanken des Geschehensteilnehmers.

## 4

Schwieriger faßbar sind die Verhältnisse in der fiktionalen Erzählliteratur in solchen Fällen, in denen das Erzählen ausschließlich aus Rede in dritter Person besteht und dabei – soweit wie möglich – Erzählen aus

62 Zum Inneren Monolog als genuin dramatischer Form vgl. bes. Gerhard Storz, Über den ›Monologue intérieur‹ oder die ›Erlebte Rede‹, in: Der Deutschunterricht 7, 1955, S. 51; Käte Hamburger, Zum Strukturproblem der epischen und dramatischen Dichtung, in: DVjs. 25, 1951, S. 23.

der Perspektive dritter Personen ist: »Sie sahen ihn schon von weitem auf sich zukommen, denn er fiel auf« oder »Zuerst sah er ihren Mann«, wie Kurzgeschichtenautoren ihre Texte gern eröffnen (Wolfgang Borchert, »Die Küchenuhr«; Siegfried Lenz, »Die Flut ist pünktlich«). In solchen Fällen, die in der Forschung mit dem treffenden Ausdruck »personales Erzählen« (Stanzel) beschrieben worden sind, wird die Aufmerksamkeit suggestiv auf das Orientierungszentrum der Personen, von denen erzählt wird, konzentriert und gleichermaßen suggestiv von dem Orientierungszentrum des Erzählenden abgelenkt.

Gleichwohl kann diese Rhetorik nicht darüber hinwegtäuschen, daß es sich hier noch um Erzählen handelt und daß dementsprechend kategorial zwei Orientierungszentren auszumachen sind. Es ist abwegig, in bezug auf personales Erzählen (wie in bezug auf Erzählen überhaupt) von »erzählerlosem Erzählen« etwa im Sinn von »Texten ohne Sprecher« (Doležel)[63] oder von »Null-Erzähler-Erzählung« (Weimar)[64] oder von »eindimensionalem er-haftem Erzählen« (Petersen)[65] zu sprechen. Jedenfalls solange einschlägige Texte im Präteritum verfaßt sind, gibt es ein eindeutiges Erzählsignal, das die doppelte Orientierung garantiert: Jetzt das Erzählen, damals das Erzählte. Typologisch betrachtet, ist allenfalls zu formulieren, daß das Schwergewicht auf dem Orientierungszentrum des Erzählten liegt, und daß das Orientierungszentrum des Erzählenden nur schwach ausgeprägt oder nur rudimentär entwikkelt ist.

## 5

Heikel können allerdings geschehensdarstellende Texte in der Literatur sein, die durchweg im Präsens geschrieben sind. Prinzipiell stellt sich hier die Frage, ob das Präsens wörtlich oder metaphorisch zu verstehen ist. Wörtlich, indem es zugleich das Jetzt des Sprechens und das Jetzt des besprochenen Geschehens meint; metaphorisch, indem es als historisches Präsens eigentlich das Damals des Geschehens meint. Im ersteren Fall hätte der Text die Struktur der Live-Reportage, der Tei-

63 Lubomír Doležel, Die Typologie des Erzählers (1967), in: Bruno Hillebrand (Hrsg.), Zur Struktur des Romans, Darmstadt 1978, S. 370-387, bes. S. 375.
64 Vgl. Klaus Weimar: Enzyklopädie der Literaturwissenschaft, S. 146.
65 Vgl. Jürgen H. Petersen: Kategorien des Erzählens, S. 177.

choskopie: Jetzt die Rede eines Beobachters, jetzt das beobachtete Geschehen. In diesem Fall gäbe es nur ein einziges zeitbezogenes Orientierungszentrum, der Text wäre – im strukturellen Sinn – kein Erzähltext. Im letzteren Fall hätte der Text die Struktur der rhetorisch versetzten Reportage oder der szenischen Erzählung: Jetzt die Rede eines distanzierten Berichterstatters, nur scheinbar jetzt, nur als ob jetzt, eigentlich damals das berichtete Geschehen. In diesem Fall wäre der Text sehr wohl ein Erzähltext, es gäbe sehr wohl zwei Orientierungszentren, zu berücksichtigen wäre nur, daß das eine (das des dargestellten Geschehens) betont wird, das andere (das des Erzählenden) dagegen unbetont bleibt.

In der Praxis geschehensdarstellender Texte in der Literatur dürfte man es meist mit dem letzteren Fall zu tun haben: mit Präsenserzählungen. Die Struktur der Live-Reportage oder Teichoskopie ist kaum tragfähig für ganze Texte.

In der Forschung geht in diesem Punkt allerdings gelegentlich einiges durcheinander (wie oben schon im Zusammenhang mit dem szenischen Erzählen bemerkt). Es ist dies insbesondere der Fall, wenn bei der Strukturbestimmung geschehensdarstellender Texte gleichzeitig mit dem Begriff des »personalen Erzählens« und mit dem Begriff des »Reflektors« gearbeitet wird.[66] Der Begriff »personales Erzählen« schließt Erzählen und Erzähler ein, mag der Erzähler hier auch noch so wenig als Erzähler greifbar sein. Der Begriff »Reflektor« (ein Analogon des Live-Reporters oder des Teichoskopen) schließt dagegen Erzähler und Erzählen aus; Rede aus der Perspektive eines Reflektors ist keine erzählende Rede, sowenig wie der Reflektor ein Erzähler ist.

## 6

Beispiel für einen geschehensdarstellenden Text im Präsens: Marie Luise Kaschnitz' »Der Student«:

Der Student kommt in das bürgerliche Haus mit Unwillen, nur des leichten Geldverdienens wegen, er hat seine Bücher und Hefte mitgebracht, es kann ja sein, daß die Kinder schlafen, gewonnenes Geld, gewonnene Zeit. Die Eltern, gepflegt angezogen, verabschieden sich. Die Kinder, zwei Jungen und

---

66 Zum Begriff Reflektor vgl. Franz K. Stanzel, Theorie des Erzählens, Göttingen $^{2}$1982.

ein Mädchen, werden ihm noch gezeigt, sie schlafen in der Tat, rosig in rosa geblümten Nachtkleidern, die Arme über dem Kopf. Der Student fängt an zu lesen, macht sich Notizen, hört die Uhr zwölf Uhr schlagen, vergißt die Zeit. Plötzlich stehen alle drei Kinder vor ihm und sehen ihn feindselig an. Der Student fordert sie freundlich auf, sich wieder schlafen zu legen, er will das kleine Mädchen bei der Hand nehmen, aber das Kind ballt die Hand zur Faust. Plötzlich fangen alle drei Kinder an zu schreien, gellend, wie einstudiert, man hört es gewiß überall im Haus. Seid um Gottes willen still, sagt der Student und wundert sich über die altmodische Redewendung, die er da gebraucht. Den Kindern macht sie keinen Eindruck, sie rufen ihm jetzt Schimpfworte und die allerunanständigsten zu. Das kleine Mädchen fordert ihn auf, seinen Hosenlatz zu öffnen, als er es nicht tut, zerreißt sie sein Heft und streut die Fetzen auf den Spannteppich, wo sie in der Zugluft tanzen. Der Student, der jetzt sehr wütend ist, schlägt vor, ein Spiel zu spielen. Ja, rufen die drei Kinder, wir spielen totmachen, wir machen dich tot. Sie haben plötzlich kleine Pistolen in den Händen und schießen, daß dem Studenten die Ohren gellen. Den Schlüssel, der sich im Schloß dreht, hört er nicht, aber die Kinder hören ihn, springen in ihre Betten, liegen da ruhig, rosig, die Hände über dem Kopf. Die Eltern entlassen den Studenten eisig, daß er auf seinen Lohn verzichtet, finden sie selbstverständlich, er hat versagt.[67]

Der Text hat die Struktur der gewöhnlichen Reportage (rhetorisch versetzt), nicht der Live-Reportage. Man kann sich nicht vorstellen, hier werde ein Geschehen unmittelbar aus der Perspektive eines aktuell das Geschehen beobachtenden Sprechers (eines Reflektors) dargestellt. Das Geschehen wird vielmehr sichtlich aus der Distanz erzählt. Der Sprecher des Texts ist ein Erzähler, der Text ist eine Präsenserzählung: Aktuelle Rede von Nichtaktuellem im Präsens, als ob es sich um Aktuelles handelte.

Besonders interessant ist dabei, daß einzelne Sätze die Frage aufgeben, von welchem der beiden für das Erzählen konstitutiven Orientierungszentren her sie gedacht sind. Das gilt besonders für den letzten, sichtlich urteilenden Satz. In historisch früherer Erzählliteratur wäre es sicherlich unbedenklich, den Schlußsatz »Er hat versagt« als Urteil des Erzählenden über die erzählte Person zu verstehen: Rede aus Orientierungszentrum I: Er hat nach meinem Urteil versagt. Angesichts dieses historisch späten Texts (1970) ist aber eher damit zu rechnen, daß es sich hier um ein Urteil aus der Perspektive der beteiligten Personen

---

67 Marie Luise Kaschnitz, Steht noch dahin. Neue Prosa, Frankfurt/M. 1970, S. 77.

handelt, um einen Fall von erlebter Rede, Rede aus Orientierungszentrum II: Er hat nach dem Urteil der Eltern (und weiterhin möglicherweise auch nach dem Urteil des Studenten selbst) versagt. Es ist ein Beispiel für den prototypischen Fall der erlebten Rede: Wiedergabe eines fremden Urteils in Form eines eigenen.

# 5. Erzählen ist adressiert

## 1

In Wolfgang Kaysers Standardwerk »Das sprachliche Kunstwerk« (1. Auflage 1948, 18. Auflage 1978) gibt es eine schöne Formel zur »Ursituation des Erzählens«. Die Ursituation des Erzählens, so schreibt Kayser, besteht aus dreierlei:

- »daß ein Vorgängliches da ist, das erzählt wird«,
- »daß ein Publikum da ist, dem erzählt wird«,
- »und daß ein Erzähler da ist, der zwischen beiden gewissermaßen vermittelt«.[68]

Es ist nichts selbstverständlicher als dies. Selbstverständlich ist es entsprechend, daß man aus dieser Grundformel die Spezialformel entnehmen kann, erzählende Rede sei adressierte Rede, an jemanden gerichtete Rede. Selbstverständlich erscheint es weiterhin, daß man dabei prinzipiell differenzieren kann, erzählende Rede sei höreradressierte oder leseradressierte Rede. Höreradressiert, wo mündlich erzählt wird – sei es, was in Kaysers Ursituation wohl gemeint ist, im urtümlichen Epos, oder sei es im alltäglichsten Alltag. Leseradressiert, wo schriftlich erzählt wird – sei es im Brief oder in Memoiren, in Biographie oder Autobiographie, in Chronik oder Geschichtsschreibung, oder sei es in vielen Fällen der fiktionalen Literatur.

Für unsere Zwecke hier kann man es eigentlich bei diesen Selbstverständlichkeiten bewenden lassen. Auf dem Weg der Einsammlung elementarer Bestimmungsstücke zum Erzählen genügt es, grundsätzlich festzuhalten: *Erzählen ist adressiert.*[69]

---

68 Wolfgang Kayser, Das sprachliche Kunstwerk, Bern [18]1978, S. 201.

69 Vgl. die treffende Formulierung von Rainer Hannes (Erzähler und Erzählen im Hörspiel, Marburg 1990, S. 34): »Der erzählende Text führt immer, explizit oder implizit, die Rezipientenansprache mit; er erweist sich in diesem Sinn als rezipientenbezogene Kommunikation.«

## 2

Wenn man sich allerdings des näheren auf Erzählliteratur und zumal auf fiktionale Erzählliteratur (um die es der literaturwissenschaftlichen Erzähltheorie ja hauptsächlich geht) unter dem Aspekt der Adressiertheit einläßt, tun sich hinter den Selbstverständlichkeiten allerlei intrikate Probleme auf. Ich möchte das hier nur andeuten.

Grundsätzlich ist zu bedenken, daß man es bei der Erzählliteratur (vorausgesetzt, daß man den Begriff Literatur im Sinn von Schriftlichkeit wörtlich nimmt) primär ja nun nicht mit der Ursituation des Erzählens, sondern, wenn man es analog formulieren darf, mit den Sekundärsituationen des Schreibens und Lesens zu tun hat. Gegenstand der literaturwissenschaftlichen Erzähltheorie sind nicht einfach Erzähltexte, sondern zumindest schriftlich dokumentierte Erzähltexte: Erzähltexte in Form des Schreib-Lese-Texts. (Es wird später zu pointieren sein, daß man es sogar noch schärfer formulieren muß: Schreib-Lese-Texte in Form des Erzähltexts.) Jedenfalls ist der mit der Ursituation des Erzählens gemeinte Erzähltext in Form des Sprech-Hör-Texts in der Erzählliteratur erst als Kunstprodukt auf dem Weg über den Schreib-Lese-Text erreichbar.[70]

Weiterhin ist pragmatisch zu bemerken, daß es in der Erzählliteratur, zumal in der fiktionalen Erzählliteratur, eine geradezu unübersehbare Fülle von Möglichkeiten der Ausgestaltung des Aspekts der Adressierung gibt.

## 3

In erster Annäherung (ohne die Fülle der Möglichkeiten ausschöpfen zu wollen) scheint es mir zweckmäßig, im Hinblick insbesondere auf fiktionale Erzählliteratur – unter dem Oberbegriff Erzähltexte in Form des Schreib-Lese-Texts des Autors – grundlegend drei Haupttypen anzunehmen:

---

70 Vgl. Paul Goetsch, Fingierte Mündlichkeit in der Erzählkunst entwickelter Schriftkulturen, in: Poetica 17, 1985, S. 202: »Mündlichkeit in geschriebenen Texten ist nie mehr sie selbst, sondern stets fingiert und damit eine Komponente des Schreibstils und oft auch der bewußten Schreibstrategie des jeweiligen Autors.«

- Typ I: Schreib-Lese-Text des Autors als Schreib-Lese-Text des Autors selbst (pardon für die umständliche Formulierung)
- Typ II: Schreib-Lese-Text des Autors als Schreib-Lese-Text einer fiktiven Person
- Typ III: Schreib-Lese-Text des Autors als Sprech-Hör-Text einer fiktiven Person.

## 4

Typ I ist sicherlich der Normalfall. Der Autor wendet sich mit seinem Erzählschreiben implizit oder explizit an den Leser (mögen auch manche in der literaturwissenschaftlichen Erzähltheorie dies im Fall fiktionaler Erzählliteratur nicht als den Normalfall ansehen). Zahlreiche Varianten der Adressiertheit gibt es dabei je nachdem, wie sich der Autor sein Lesepublikum vorstellt: ob er seine »schönen Leserinnen« meint, wie Boccaccio, ob er sich an den »geneigten Leser« wendet, oder ob er »lieber Leser« sagt. Interessant ist schon, daß die Leseranrede, selbst in zivilisierten Zeiten, nicht immer in der zivilisierten Sie-Form gehalten ist, sondern oft in der intim-familiären Du-Form. »Seltsamer und wunderlicher kann nichts erfunden werden, als dasjenige ist, ... was ich dir, günstiger Leser! zu erzählen unternommen«, schreibt E. T. A. Hoffmann im »Sandmann«.[71]

Besonders interessant ist in unserem Zusammenhang hier die nicht seltene Variante, daß die Autoren ihren Schreib-Lese-Text zum Sprech-Hör-Text stilisieren: daß sie so schreiben, als ob sie unmittelbar im Gespräch mit ihren Lesern wären. Ein schönes Beispiel ist der Anfang von Thomas Manns kleiner Erlebnisgeschichte »Das Eisenbahnunglück« (1909):

> Etwas erzählen? Aber ich weiß nichts. Gut, also ich werde etwas erzählen.
>
> Einmal, es ist schon zwei Jahre her, habe ich ein Eisenbahnunglück mitgemacht – alle Einzelheiten stehen mir klar vor Augen.[72]

71 Vgl. E. T. A. Hoffmann, Sämtliche Werke, hrsg. von Walter Müller-Seidel u.a., Bd. 1, München 1960, S. 343.
72 Thomas Mann: Frühe Erzählungen, S. 530.

## 5

Mit Typ II – Schreib-Lese-Text des Autors angelegt als Schreib-Lese-Text einer fiktiven Person – ist eine spezielle Variante der Rollenerzählung gemeint: der Fall, in dem der Autor eine von ihm erfundene Person schreibend erzählen läßt, also etwa Felix Krull oder Dr. Serenus Zeitblom, dort fiktive Autobiographie, hier fiktive Biographie. Im Fall Felix Krull wird der Gestus des Schreibens gleich im ersten Satz akzentuiert: »Indem ich die Feder ergreife ...«. Auch in diesem Bereich gibt es dieselbe Fülle von Möglichkeiten, die Adressierung zu spezifizieren, wie bei der Autorerzählung. Dabei kann es zum Problem werden, ob und wie zwischen dem Publikum, an das der Autor sich mit seinem Text wendet, und dem Publikum, auf das der fiktive Erzählschreiber sich bezieht, zu differenzieren ist. In Gérard Genettes Grundbuch »Die Erzählung« gibt es darüber eine lange Debatte.[73]

## 6

Auch in Typ II besteht natürlich die Möglichkeit der Stilisierung des Schreib-Lese-Texts zum Sprech-Hör-Text – diesmal nur nicht direkt von seiten des Autors, sondern von seiten des fiktiven Erzählschreibers (von Gnaden des Autors). Abzugrenzen ist dagegen Typ III: der Schreib-Lese-Text des Autors nicht bloß (rhetorisch) als stilisierter, sondern geradewegs (mimetisch) als abgebildeter Sprech-Hör-Text einer fiktiven Person: Der Autor läßt eine von ihm erfundene Person mündlich erzählen.

Ein Fall, der nur so vorzustellen ist, ist etwa Marie Luise Kaschnitz' Kurzgeschichte »Gespenster« (1960). Der Text beginnt ähnlich wie Thomas Manns »Eisenbahnunglück«, doch ist hier kein Schreiber anzunehmen, der sich beim Schreiben in die Situation versetzt, als ob er mit seinen Lesern im Gespräch wäre, sondern die »fiktive Chronistin«[74] ist hier – der Fiktion nach – tatsächlich im Gespräch mit einem – wie

73 Gérard Genette: Die Erzählung, S. 283ff.

74 Marie Luise Kaschnitz im Interview: »Eine fiktive Ich-Geschichte ist aber z.B. auch ›Gespenster‹, der keinerlei persönliches Erlebnis zugrunde liegt, und wo ich dem Ich nur die Rolle einer Chronistin zugeteilt habe« (in: Horst Bienek, Werkstattgespräche mit Schriftstellern (1962), München 1965, S. 50).

man bei aller Unbestimmtheit der Adressierung wohl annehmen muß – Kreis von Zuhörern. Der Textanfang lautet:

Ob ich schon einmal eine Gespenstergeschichte erlebt habe? O ja, gewiß – ich habe sie auch noch gut im Gedächtnis und will sie Ihnen erzählen. Aber wenn ich damit zu Ende bin, dürfen Sie mich nichts fragen und keine Erklärung verlangen, denn ich weiß gerade nur so viel, wie ich Ihnen berichte und kein Wort mehr.[75]

Hier erst ist (in der Fiktion) die Situation gegeben, die Kayser mit der Ursituation des Erzählens meint. Mit Arno Schmidt zu sprechen: »Der Erzähler im lauschenden Hörerkreis«.[76]

Erst recht realisiert ist die Ursituation des Erzählens in solchen Fällen fiktionaler Erzählliteratur, in denen der Autor in seinem Schreib-Lese-Text mündliches Erzählen im Alltag, im alltäglichen Gespräch unmittelbar abbildet. Siegfried Lenz verfährt so in seiner Kurzgeschichte »Die Strafe« (1970).

Abgebildet wird die Situation, wie einer, der zu Mittag nach Hause kommt, seiner Frau von dem gegen seinen Vater auf dessen Willen hin angestrengten Prozeß erzählt, der am Vormittag vor Gericht stattgefunden hat. Der Text besteht ausschließlich aus Rede des Erzählenden; seine Adressatin bleibt stumm, doch werden ihre zu unterstellenden Repliken gelegentlich in seine Rede einbezogen. Wie künstlich diese Abbildung natürlichen Erzählens in der Fiktion ist, zeigt schon der Anfang:

Nein, nichts zu essen, Christine, nur einen Schnaps und sonst nichts. Wo er ist? In seiner Pension, ich habe ihn selbst zurückgebracht, nachdem alles vorüber war; unser Gerichtsarzt hat ihm eine Beruhigungsspritze gegeben, die half nicht; er hat während der ganzen Fahrt gezittert, der alte Mann. Wie meinst du? Sicher, er wird sich beruhigen, aber morgen wird alles von neuem beginnen, du kennst doch Vater, er wird seinen Freispruch anfechten, er wird wieder in mein Büro kommen und mir immer neue Kataloge seiner Vergehen anschleppen, er wird wieder die ganze Staatsanwaltschaft wild machen und sie zu überzeugen versuchen, daß er angeklagt werden muß.[77]

---

75 Marie Luise Kaschnitz, Lange Schatten. Erzählungen (1960), München 1964, S. 14.

76 Vgl. Harald Bluhm, »Der Erzähler im lauschenden Hörerkreis«. Studien zur Schreibweise Arno Schmidts, Magisterarbeit (Typoskript), Wuppertal 1996.

77 Siegfried Lenz: Die Phantasie, S. 115.

Man mag meinen, daß sich dieser Stil nur in kurzen Texten konsequent durchhalten lasse. Immerhin aber hat Siegfried Lenz seinen umfangreichen Roman »Heimatmuseum« (1978) nach demselben Prinzip angelegt: Roman in Form der mündlichen Erzählung des Helden Zygmunt Rogalla unmittelbar im Gespräch mit einem stumm bleibenden Adressaten (Freund Martin Witt) in der jeweils konkreten Situation einer Serie von Krankenhausbesuchen.

## 7

Zu den Problemen fiktionaler Erzähltexte in der Literatur, deren Sprecher eine fiktive Person ist, gehört es im übrigen, daß sich mangels näherer Informationen oft nicht ausmachen läßt, ob sie als mündliche oder schriftliche Rede des jeweiligen Erzählers vorzustellen sind. Die Autoren legen auf diese Nuancierung offenbar keinen besonderen Wert. So zum Beispiel Heinrich Böll in dem Eingangstext seiner Kurzgeschichtensammlung »Wanderer, kommst du nach Spa ...« (1950): »Über die Brücke«.[78]

»Die Geschichte,« so beginnt der Text, »die ich Ihnen erzählen will, hat eigentlich gar keinen Inhalt, vielleicht ist es gar keine Geschichte, aber ich muß sie Ihnen erzählen.« Der Leser des Buchs mag diesen Anfang bei der Erstlektüre für eine direkt an ihn gerichtete Verständigungsformel des schreibenden Autors halten. Aber schon auf der ersten Seite identifiziert sich der Sprecher des Texts als offenbar fiktive Person (»Angestellter beim Reichsjagdgebrauchshundverband«, »eine Art Aktenschlepper«). Später kommt heraus, daß er Grabowski heißt. Nicht zum Ausdruck gebracht wird, ob Grabowski mündlich erzählt oder ob seine Rede eine schriftliche Aufzeichnung ist. (Deutlich ist allenfalls, daß Grabowski kein Schriftsteller ist.) Nicht auszumachen also, ob hier textimmanent an höreradressiertes oder leseradressiertes Erzählen zu denken ist. Kein Zweifel aber an der Adressiertheit dieses klaren Erzähltexts. Adressiertheit verstanden als kategorial zum Erzählen gehörig – im Unterschied zumal zu der kategorialen Nicht-Adressiertheit der literarischen Form des inneren Monologs.

---

78 Heinrich Böll, Wanderer, kommst du nach Spa ... Erzählungen (1950), München 1967, S. 7-11.

## 8

Das Problem höreradressierten oder leseradressierten Sprechens von seiten einer fiktiven Person innerhalb der fiktionalen Erzählliteratur mag übermäßig tüftelig und alles in allem nicht eben wichtig erscheinen. Es gibt aber Texte, über deren besondere Struktur man sich nicht klar werden kann, wenn man nicht derart tüftelig analysiert. Ein intrikates Beispiel dafür ist Marie Luise Kaschnitz' Kurzgeschichte »Ja, mein Engel« (1966).[79]

Der Text ist, wie viele andere von Marie Luise Kaschnitz, eine Sterbegeschichte. Er handelt äußerlich davon, wie eine alte Frau förmlich aus dem Leben herausgedrängt wird. Er handelt symbolisch davon, wie ein Mensch gleichsam seinen Todesengel ruft und ihm dann zum Opfer fällt. Er ist ästhetisch nach dem Prinzip der zunehmenden Verengung der Räume organisiert: Schauplatz ist zuerst die ganze Wohnung, dann nach und nach kleinere Teile davon, später das mit mehreren geteilte Zimmer im Krankenhaus, zuletzt das Grab.

Strukturtypologisch erscheint der Text anfangs als ganz konventionelle Erzählung. Gut erzählerisch (Rede von Nichtaktuellem, Rede einer mittlerweile Außenstehenden) heißt es zu Beginn im Namen der Heldin: »Genau heute vor fünf Jahren habe ich die Anzeige in die Zeitung gesetzt. Ich war damals noch gut zu Fuß ...«

Auch weiterhin steht der Text für die längste Strecke im erzählenden Gestus: »damals«, »am folgenden Samstag«, »später«, »am Sonntagabend«, »bald darauf«, »an diesem Tag«, »nach einer Weile«, »einmal« usw. Zwar wird nicht explizit gemacht, an wen die Sprecherin sich mit ihrer Rede wendet, doch besteht – wenigstens bei der Erstlektüre – kein Anlaß zu bezweifeln, daß man es mit erzählender Rede zu tun hat. Noch im zweitletzten Absatz wird, wie es scheint, ganz gelassen im Rückblick erzählt. Parallel zum Textbeginn und offenbar in Konkretisierung des zu Beginn genannten Erzählzeitpunkts heißt es:

> Ich bin jetzt seit vier Wochen im Krankenhaus. Ich lag zuerst in einem großen Zimmer mit vier anderen Frauen, erst vor kurzem haben sie mich in diese kleine Kammer gebracht ...

---

79 Marie Luise Kaschnitz: Ferngespräche, S. 248-265.

Fraglich wird die Erzählsituation dann aber spätestens am Ende dieses Absatzes. Es ist noch Rede im Rückblick (signalisiert durch das Präteritum), dabei aber doch wohl schon delirierende Rede, in der sich Impressionen und Halluzinationen der sterbenden Frau vermischen, wenn es heißt:

Die Frauen waren ganz still, weil sie so etwas noch nicht gesehen hatten, so etwas Schönes wie meine Familie, die jetzt langsam näher kam und Blumensträuße auf mein Bett legte, so viele Blumen, sie deckten mich damit zu. Aber Fräulein Eva, habe ich gesagt, was machen Sie denn, weil sie mir die Blumen nun auch aufs Gesicht legte, und dann waren es gar keine Blumen mehr, sondern es war Erde und die Erde fiel mir in die Augen und in den Mund.

Im letzten Absatz wird die Grenze des Erzählens dann vollends überschritten. Die Rede geht ins Präsens über und mündet, als endlich mit dem ausgesprochenen Wort »Ja, mein Engel« die symbolische Identität des »Fräulein Eva« mit dem Todesengel offenkundig ist, in die – im strukturellen Sinn – dramatische Situation, in der Rede und Geschehen zusammenfallen:

Jetzt haben sie mich hierhergebracht, vielleicht weil ich nachts so laut spreche und immer dieselbe lange Geschichte erzähle. So ein kleines Loch ist das, mehr als ein Besucher kann da gar nicht eintreten und darum, wenn die Eva jetzt kommt, kommt sie allein. Ja, allein ist sie, und was hat sie für ein seltsames Kleid an, schwarz mit silbernen Flügelärmeln, nichts für den Vormittag, aber ist denn noch Vormittag, es ist Abend, es ist Nacht. An mein Bett tritt die Eva und stampft ungeduldig mit dem Fuße auf, was aber nichts anderes sein kann als ein Scherz. Sie hat wieder Blumen mitgebracht und wieder legt sie sie mir aufs Gesicht. Ja, mein Engel, sage ich, sobald ich ein wenig Luft bekomme, und erschrecke, weil ich sie jetzt bei ihrem richtigen Namen genannt habe und zum ersten Male. Die Eva ist aber darüber nicht böse. Sie lächelt und legt ihre Hand auf die Blumen, sie ist so schön wie damals, als sie aus Italien zurückgekommen ist, schön wie ein Engel, und langsam, langsam drückt sie mich immer tiefer hinab.

Im Rückblick von dieser Schlußsituation her erweist sich der Text, der so lange Zeit wie eine ganz konventionelle Erzählung aussieht: Rede über Nichtaktuelles, Rede einer Außenstehenden, Rede im Gesprächsstil, hörerzugewandte Rede, auf ebenso virtuose wie eindringliche Weise als ein einziger, einsamer, an niemanden gerichteter innerer Monolog im Augenblick des Sterbens.

## 9

Bilanz zum fünften Grundsatz:

- Erzählen ist als mündliches Erzählen höreradressiert.
- Erzählen ist als schriftliches Erzählen leseradressiert.
- In der Fiktion kann es sein, daß unbestimmt bleibt, ob das Erzählen hörer- oder leseradressiert zu denken ist.
- So oder so ist Erzählen kategorial adressiert.

# 6. Erzählen ist entfaltetes Berichten

## 1

Was in den vorstehenden Grundsätzen vom Erzählen gesagt worden ist, gilt weitgehend auch für das Berichten. Zwischen diesen beiden Redetätigkeiten besteht offenbar ein fließender Übergang; ihr Unterschied ist eher ein stilistischer als ein struktureller. Es versteht sich, daß prinzipiell jede Erzählung (jedenfalls jede Geschichtenerzählung) durch das Stilmittel der Verkürzung unschwer auf einen Bericht zu reduzieren ist, und daß sich umgekehrt jeder Bericht durch das Stilmittel der Detailausführung unschwer zu einer Erzählung entfalten läßt. Im Hinblick auf den Hauptzweck dieser Grundsätze hier, in denen es darum geht, das Fundament des Erzähltexts in der Literatur abzuklären, mag es genügen, zusammenfassend von erzählend-berichtend oder berichtend-erzählend strukturiertem Text zu sprechen und als Grundsatz allenfalls zu formulieren: *Erzählen ist entfaltetes Berichten.*

## 2

Es entspricht dies durchaus herkömmlicher Auffassung in der Literaturwissenschaft. In Eberhard Lämmerts »Bauformen des Erzählens« drückt sich die Nähe beider Redeformen dadurch aus, daß er »Bericht« und »Darstellung« (gemeint ist: »szenische Erzählung« im Sinn Otto Ludwigs) als die beiden »für das Erzählen schlechthin unerläßlichen ... Erzählweisen« bezeichnet[80] (»Bericht« also eine »Erzählweise«!). Ebenso ist es in Franz K. Stanzels »Typischen Formen des Romans«, wenn er von »zwei Erzählweisen« spricht, den »beiden Grundformen des Erzählens, von denen jede Erörterung der Formen erzählender Dichtung auszugehen hat«: einerseits dem »knapp zusammenfassenden, auf das Ergebnis oder die Folgen des Geschehens zielenden Bericht«, an-

80 Eberhard Lämmert: Bauformen des Erzählens, S. 89.

drerseits der »die Einzelheit des Geschehensablaufes ausführlich schildernden Darstellung«.[81]

Stanzel beruft sich dabei nicht erst auf Mitstreiter in der neueren literaturwissenschaftlichen Erzähltheorie und deren Vorgänger (insbesondere Otto Ludwig), sondern schon auf Quintilian. Er zitiert eine Stelle aus der »Institutio oratoria« (VIII, 3, 67-69), in der Quintilian zwei Arten der Geschehensvermittlung gegeneinander abwägt und dabei, wie es nach der Übersetzung, die Stanzel zitiert, scheint, schon eine Terminologie anbietet, die unserer heutigen entspricht: »Benennung des Ganzen« als Terminus für den (knappen) Bericht, »Darstellung aller Einzelheiten« als Terminus für die (ausführliche) Erzählung. Ein Blick ins Original ist allerdings ernüchternd. Quintilian hat noch keine Abstrakta für die Bezeichnung der Aussagearten (es heißt beidemal »dicere«), er unterscheidet nur nach dem Aussageobjekt: »totum dicere«, »omnia dicere«. Um so schöner ist sein Lakonismus: »Minus est tamen totum dicere quam omnia«: Weniger ist es, das Ganze zu sagen (zu berichten), als alles zu sagen (zu erzählen).

## 3

Charakteristische Stichworte, die sich für die nähere Kennzeichnung von Berichten und Erzählen im engeren Sinn eignen, sind »resultativ« und »perfektisch« einerseits und »sukzessiv« und »imperfektisch« andrerseits. »Resultativ« soll heißen: Zusammenfassung des Ergebnisses von Geschehensabläufen, im Unterschied zu »sukzessiv« als Darstellung von Geschehnissen in ihrem Verlauf. »Perfektisch« soll heißen: Benennung vollendeter Tatsachen, im Unterschied zu »imperfektisch« als Darstellung noch unvollendeter, sich erst vollendender Tatsachen – ohne daß dies jeweils notwendigerweise mit den grammatischen Tempusformen des Perfekts oder des Imperfekts korrespondieren muß.

## 4

Um den Übergang vom einen zum anderen zu zeigen, ein paar Beispiele von Heinrich von Kleist und Johann Peter Hebel.

---

81 Franz K. Stanzel: Typische Formen des Romans, S. 11.

Nüchternste Berichte (resultativ, perfektisch, sogar im Perfekt geschrieben) sind Kleists »Extrakte aus den Polizeirapporten« in den »Berliner Abendblättern« (1810):

Rapport vom 28. September: Am 27., in der Nacht ist der Krug in Steglitz mit allen Nebengebäuden abgebrannt, und zugleich ein mit Zucker beladener Frachtwagen nebst 4 Pferden.

Rapport vom 29. September: Am 28. abends ist das alte hölzerne Wohnhaus des Zimmergesellen Grassow in der Dresdner Straße Nr. 93 abgebrannt.

Rapport vom 30. September: Gestern abend sind im Dorfe Alt-Schönberg 3 Bauernhöfe mit sämtlichen Nebengebäuden abgebrannt. Das Feuer ist in der Scheune des Schulzen Willmann ausgekommen, und zur gleichen Zeit ist ein ziemlich entfernter, gegenüber stehender Rüsternbaum in Brand geraten, welches die Vermutung begründet, daß das Feuer angelegt ist.[82]

Die Texte stehen im Rahmen des Einleitungssatzes: »Folgende Extrakte aus den Polizeirapporten sind uns bis heute 10 Uhr zugekommen.«

Auf dieselbe Art leitet Johann Peter Hebel seinen Kalenderbeitrag »Große Feuersbrunst« (1809)[83] ein: »Aus Italien wird berichtet: ...«. Es heißt dann aber nicht resultativ (und im Perfekt), wie es wohl heißen könnte, wenn nur berichtet werden sollte: Am 5. April 1808 hat ein Bauer aus dem Dorfe Bevra eine Feuersbrunst ausgelöst. Sondern der Haupttext beginnt mit der Schilderung des ersten einer Reihe von Vorgängen (im Präsens):

Am 5. April 1808. zündet ein Bauer aus dem Dorfe Bevra, nahe bey dem Dorf an einer Berghalde, das Gesträuch an, damit hernach das Vieh besser weiden könne.

Darauf folgt eine beurteilende Zwischenbemerkung, wie der rheinische Hausfreund sie liebt:

Solches ist da und dort schon oft geschehen, und hat gut gethan.

Danach gibt sich der Text dann erzählkonventionell als sukzessives, imperfektisches Erzählen (auch grammatisch im Imperfekt): Wiedergabe sich vollendender Tatsachen Schritt für Schritt:

---

82 Heinrich von Kleist, Sämtliche Werke und Briefe, hrsg. von Helmut Sembdner, Bd. 2, München 1965, S. 424.

83 Johann Peter Hebel, Sämtliche Schriften, hrsg. von Adrian Braunbehrens u.a., Bd. 2, Karlsruhe 1990, S. 136f.

Aber dießmal wehete ein starker Wind; das Feuer griff schnell und unwiderstehlich um sich. Immer höher prasselte die Flamme, immer heftiger wehete der Wind; und in wenig Stunden brannten in der ganzen Landschaft, in einer Strecke von mehrern Stunden, alle Gesträuche, alle Wälder, alle fruchtbare Obstbäume, alle Wohnungen. Das Flammenspiel an allen Enden und Orten, die entsetzlichen Rauchwolken, das Noth- und Jammergeschrey der unglücklichen Menschen war entsetzlich; und so weit man laufen und hören konnte, läuteten die Sturmglocken. Zwar eilten die Einwohner aus der ganzen Nachbarschaft und aus weiten Gegenden her, zur Hülfe. Aber der immer heftigere Wind, und der große Umfang der Feuersbrunst machten alle Mühe und Anstrengung lange zunichte. Erst am 10. vermochte man das Feuer zu löschen.

Gegen Ende nähert sich die Darstellungsweise halbwegs schon dem erlebnisperspektivischen Erzählen, wie es später erst kultiviert wurde (und entfernt sich damit um so mehr vom Berichten im engeren Sinn), wenn die Zeitbestimmungen nicht mehr auf die Situation des Erzählenden bezogen werden, sondern geradewegs auf die Situation des Erzählten: ... jetzt sah man ... jetzt standen die Unglücklichen trostlos ... Der Text geht weiter:

Da sah erst alles recht jammervoll aus. Die ganze Gegend war eine schauerliche Verwüstung. Wo vorher fröhliche Heerden weideten, sah man jezt halb verbrannte Leichname. Wo noch vor wenig Tagen muntere Hirten sangen, und der emsige Landmann mit Hoffnung seine Arbeit verrichtete, standen jezt die Unglücklichen trostlos und händeringend auf der Brandstätte ihrer Wohnungen und ihres Eigenthums.

Es versteht sich im übrigen für den Kalendermann Johann Peter Hebel, daß der Text nicht ohne Pointierung seiner Moral bleibt. Mit der beurteilenden Zwischenbemerkung am Anfang korrespondiert das Urteil am Schluß (»der unverständige Mann«):

Wie muß es da dem unverständigen Mann zu Muthe gewesen seyn, der durch seine Unvorsicht solches Unglück über sich selbst, seine Mitbürger und Landsleute gebracht hat!

## 5

Berichtstil und Erzählstil lassen sich gelegentlich besonders plastisch anhand von Nachrichten über ein und dieselbe Story in verschiedenen Zeitungen miteinander vergleichen. So etwa hieß es am 7. April 1988 in der »Frankfurter Allgemeinen« unter dem Titel »Aus ›Kugelschrei-

ber‹ löste sich Schuß: Ein Mann verletzt« zünftig in Form des Berichts:

Bonn, 6. April (AP). Durch einen Schuß aus einem ›Kugelschreiber‹ ist ein 32 Jahre alter Bonner verletzt worden. Wie ein Polizeisprecher am Mittwoch berichtete, ereignete sich der ungewöhnliche Vorfall schon am Sonntagabend. Der Mann habe in der Bonner Altstadt einen silbernen Kugelschreiber gefunden und aufgehoben. Dabei sei dieser ihm aus der Hand gefallen. Aus dem ›Schreibgerät‹ habe sich beim Aufprall auf dem Boden ein Schuß gelöst. Der Mann habe einen Steckschuß im Bein erlitten. Die Bonner Polizei hat keinerlei Anhaltspunkte für den Hintergrund des Vorfalls. Mutmaßungen wollte der Sprecher nicht äußern. Auf Fragen, ob es einen geheimdienstlichen Zusammenhang geben könne, sagte er, es werde schwierig sein, in dieser Richtung etwas zu ermitteln. Die als Kugelschreiber getarnte, in der Bundesrepublik verbotene Waffe sei offensichtlich eine Einzelanfertigung.

Halbwegs in Form der Erzählung (der Berichterstatter quasi als »allwissender Erzähler«) hieß es am selben Tag im »Kölner Stadt-Anzeiger« unter dem Titel »Kugelschreiber war eine Waffe«:

be Bonn – Einen Kugelschreiber kann man immer gebrauchen, dachte sich ein 32 Jahre alter Bonner, als er beim Bummel durch die Altstadt einen silberfarbenen Kugelschreiber auf dem Trottoir liegen sah. Das Schreibgerät war allerdings so schwer, daß der Mann den Stift vor Schreck fallen ließ. Es folgte ein Knall und ein brennender Schmerz im rechten Oberschenkel. Der völlig verunsicherte Finder schleppte sich zum nächsten Krankenhaus, wo ihm die Ärzte ein 22er-Projektil aus dem Bein operierten. Die Polizei war gleichfalls über die ›James-Bond-Waffe‹ erstaunt. Sie vermutet, daß sie offenbar von einem Waffennarren gefertigt worden ist.

## 6

Bilanz zum sechsten Grundsatz, aphoristisch abgekürzt: Erzählen akzentuiert den Verlauf, Berichten das Ergebnis eines Geschehens.

## 7

Ein hübsches Spiel mit Erzählung und Bericht zeigt Franz Josef Bogners Kurztext »Wettrennen der Schildkröten und der Windhunde« – abgedruckt in Franz Hohlers »111 einseitigen Geschichten«. Man erwartet aufgrund des Titels – in Erinnerung an Achilles und die Schildkröte –

die Erzählung einer Geschichte oder, wenn nicht eine Erzählung, so doch mindestens eine Geschichte, in welchem Medium immer sie vermittelt sein mag, und man erwartet dies um so mehr im Zusammenhang von Hohlers Anthologie, die ja ihrem Titel nach Geschichten verspricht. Man bekommt aber statt einer Erzählung nur eine Seite fast leeren Papiers, an deren Ende lediglich zwei Zeilen stehen, die bloß Ergebnisbericht sind: »Das Windhundrennen gewann der Windhund 3, das Schildkrötenrennen gewann die Schildkröte 17.«[84] Quintilian hat es gesagt: Minus est tamen totum dicere quam omnia.

## 8

Bilanz zu den Grundsätzen 1 bis 6:

Erzählen ist

- adressierte (5)
- serielle (1)
- entfaltete berichtende Rede (6)
- mit zwei Orientierungszentren (4)
- über nichtaktuelle (meist: vergangene) (2)
- zeitlich bestimmte Sachverhalte (besonders: Ereignisse in zeitlicher Folge) (1)
- von seiten eines Außenstehenden (3).

---

84 Franz Hohler (Hrsg.), 111 einseitige Geschichten, Darmstadt 1981, S. 83.

## 7. Erzählung besteht in der Regel nicht nur aus Erzählen

### 1

Erzählende Rede kommt praktisch kaum für sich allein vor. Wo immer einer erzählt, bedient er sich in aller Regel partienweise immer wieder auch anderer Arten der Rede. Entsprechend ist für die Erzählung als komplexes Textgebilde grundsätzlich anzunehmen, daß sie nur im Kern aus spezifisch erzählender Rede besteht und im übrigen allerlei nicht-erzählerische Rede enthält.

### 2

Es gibt eine ganze Reihe literaturwissenschaftlicher Beiträge zur Erzähltheorie, die auf diese Frage eingehen. Einen detaillierten Katalog von Redeformen, die üblicherweise in der fiktionalen Erzählliteratur vorkommen, hat Eberhard Lämmert in seinen »Bauformen des Erzählens« im Anschluß an Robert Petsch, Rafael Koskimies, Wolfgang Kayser, Percy Lubbock u.a. aufgestellt. Er unterscheidet:

- »szenische Darstellung« (1)
- »Bericht« (2)
- »Betrachtung und Erörterung« (3)
- »Beschreibung« (4)
- »Bild« (5) und
- »Sentenzen« (6).

Eine Sonderstellung räumt er dem »Gespräch« (7) ein.[85]

»Bericht und Darstellung als die eigentlichen Mittel der Vorgangs-Darbietung« gelten ihm dabei, wie bereits zitiert, als »für das Erzählen schlechthin unerläßlich«; den übrigen schreibt er »abrundende und als solche freilich auch integrierende« Funktionen zu. Etwas mißlich ist es, daß er in diesem Zusammenhang pauschal den Begriff »Erzählweise«

---

85 Eberhard Lämmert: Bauformen des Erzählens, S. 87f.

verwendet und »Bericht und Darstellung« als die »primären«, die übrigen als »sekundäre Erzählweisen« bezeichnet. Angemessener wäre es, allgemein von Redeformen in der Erzählung zu sprechen, um dann speziell zwischen erzählerischen und nichterzählerischen unterscheiden zu können. Bei den von Lämmert sogenannten »sekundären Erzählweisen« handelt es sich ja kategorial um nichterzählerische Formen der Rede in der Erzählung.

## 3

Besonders elegant ist der vergleichbare Typologisierungsvorschlag, den Helmut Bonheim in seinem Aufsatz »Theory of narrative modes« (1975) gemacht hat. Er unterscheidet:

- »description« (1)
- »report« (2)
- »speech« (3) und
- »comment« (4).

Es ist ein pragmatischer Vorschlag zur Aufgliederung von Erzähltexten. Auch Bonheim geht es nicht so sehr um die systematische Abgrenzung von erzählerischen und nichterzählerischen Formen der Rede in der Erzählung. Sein Oberbegriff ist ähnlich pauschal wie bei Lämmert; er subsumiert alle vier Kategorien unter dem Terminus »narrative modes«, obgleich doch wohl lediglich der »report« im strengen Sinn unter diesen Begriff fällt.[86]

## 4

Hilfreich für die systematische Abklärung der Frage, was alles an nichterzählerischer Rede in der Erzählung mehr oder weniger zwanglos zum Erzählen hinzukommen kann, ist die linguistische Typologie, die Egon Werlich in seinem Buch »Typologie der Texte« (1975) entworfen hat.[87] Werlich unterscheidet im Hinblick auf einzelne Sätze und weiterhin im Hinblick auf ganze Texte fünf Kategorien der Rede:

---

86 Helmut Bonheim, Theory of narrative modes, in: Semiotica 14, 1975, S. 329-344.

87 Egon Werlich, Typologie der Texte. Entwurf eines textlinguistischen Modells zur Grundlegung einer Textgrammatik, Heidelberg 1975, S. 30-34.

- »deskriptive« (1)
- »narrative« (2)
- »expositorische« (3)
- »argumentative« (4) und
- »instruktive« (5).[88]

## 5

Die meisten der von Lämmert, Bonheim und Werlich registrierten Formen bestehen gleichsam aus Rede zur Sache. Hinzuzufügen ist, daß die voll entfaltete Erzählung am Rand außer allerlei nichterzählerischer Rede zur Sache in der Regel auch allerlei Rede zur Rede enthält. Mitberücksichtigt sind dergleichen Redeformen als Erzählungsbestandteile etwa in dem Katalog, den Rainer Hannes (einer der Vertreter der »Marburger Arbeitsgruppe Narrativik«) in seinem Buch über »Erzählen und Erzähler im Hörspiel« (1990) aufgestellt hat. Unter dem (allerdings etwas unglücklichen) Oberbegriff »Auktorialität«, den man besser nach Pascal/Genette durch den Begriff »Narratorialität« ersetzen sollte,[89] werden hier »Äußerungen auf der sogenannten Erzählerebene« (»im Gegensatz zu Äußerungen, die sich auf die sogenannte Handlungsebene beziehen«) erfaßt – genauer: solche »Äußerungen des Erzählers ..., in denen er sich zwar im Text zeigt ..., die aber nicht der alleinigen Wiedergabe der Res dienen«. Im einzelnen zählt Hannes dazu »Phänomene wie

- Ansprachen an den Leser,
- Wertungen des erzählten Geschehens durch den Erzähler,
- Einzelkommentare zu Handlungsepisoden oder zum Verhalten von Figuren,

---

88 Seit den achtziger Jahren zeichnet sich bei weiteren texttypologischen Gliederungsversuchen eine Tendenz zur Reduzierung auf die drei Kategorien narrativ, deskriptiv und argumentativ ab. Vgl. Robert-Alain de Beaugrande und Wolfgang Dressler, Einführung in die Textlinguistik, Tübingen 1981, S. 190ff.; Mieke Bal, Narratology. Introduction to the Theory of Narrative, Toronto 1985, S. 128-132; Seymour Chatman, Coming to Terms. The Rhetoric of Narrative in Fiction and Film, Ithaca (NY), London 1990. S. 6-21. (Hinweis meines Mitarbeiters Holger Korthals.)

89 Vgl. Gérard Genette: Die Erzählung, S. 272.

- Reflexionen über das Erzählen im allgemeinen, über Möglichkeiten der Erzählgestaltung des jeweiligen Textes, über Wortwahl etc. (metanarrative Äußerungen),
- Voraus- oder Rückverweise in den Text (paranarrative Äußerungen),
- Begründung, warum überhaupt erzählt wird oder warum bestimmte Details erzählt werden,
- Auskünfte über eventuelle Informationsquellen, denen das Erzählte zugrunde liegt,
- Beschreibungen der äußeren Umstände, in die der Erzähler zum Zeitpunkt des Erzählens eingebunden ist,
- Äußerungen des Erzählers zu seiner Person oder zu seinem seelischen Zustand während des Erzählens und dergleichen mehr.«[90]

## 6

Mit allen diesen Kategorien läßt sich sicherlich von Fall zu Fall gut arbeiten. Berücksichtigen muß man allerdings, daß in der Praxis immer wieder mit Überschneidungen der einzelnen Kategorien im je einzelnen Satz oder Abschnitt der Erzählung zu rechnen ist.

Am Beispiel der beschreibenden Rede ist dies besonders augenfällig. Ein Beschreibungssatz ist, mit Werlich zu sprechen, ein Satz über Erscheinungen im Raum; ein Erzählsatz ist demgegenüber ein Satz über Erscheinungen in der Zeit.[91] Praktisch sind nun aber ja Erscheinungen in der Zeit immer zugleich Erscheinungen im Raum und Erscheinungen im Raum immer wieder auch Erscheinungen in der Zeit. Entsprechend überschneidet sich dies alles immer wieder in Sätzen darüber.

Eine gewisse Klärungshilfe bietet es allenfalls, wenn man im Hinblick auf den Erzähltext zwischen zwei Typen der beschreibenden Rede unterscheidet: der isolierten, aus dem Fluß des Erzählens herausfallenden, klar nichterzählerischen Beschreibung einerseits, und der integrierten, ins Erzählen eingeschmolzenen, also erzählerischen Beschreibung andrerseits.[92] Die Integration ergibt sich oft nur durch das Präteritum; die Isolierung zeigt sich oft nur durch das – den Duktus des Erzählens aussetzende – Präsens.

90 Rainer Hannes: Erzähler und Erzählen im Hörspiel, S. 37.
91 Egon Werlich: Typologie der Texte, S. 30f.
92 Zu den Begriffen »isoliert« und »integriert« vgl. Manfred Pfister: Das Drama, S. 125 – bezogen auf die Exposition im Drama.

Weitgehend integriert ins Erzählen ist etwa Thomas Manns Beschreibung des Landschaftszimmers in den »Buddenbrooks«:

Man saß im »Landschaftszimmer«, im ersten Stockwerk des weitläufigen alten Hauses in der Mengstraße, das die Firma »Johann Buddenbrook« vor einiger Zeit käuflich erworben hatte und das die Familie noch nicht lange bewohnte. Die starken und elastischen Tapeten, die von den Mauern durch einen leeren Raum getrennt waren, zeigten umfangreiche Landschaften, zartfarbig wie der dünne Teppich, der den Fußboden bedeckte, Idylle im Geschmack des achtzehnten Jahrhunderts, mit fröhlichen Winzern, emsigen Ackersleuten, nett bebänderten Schäferinnen, die reinliche Lämmer am Rande spiegelnden Wassers im Schoße hielten oder sich mit zärtlichen Schäfern küßten ...

Ein gelblicher Sonnenuntergang herrschte meistens auf diesen Bildern, mit dem der gelbe Überzug der weißlackierten Möbel und die gelbseidenen Gardinen vor den beiden Fenstern übereinstimmten.[93]

Eigenwillig vom Erzählen isoliert ist dagegen etwa Heimito von Doderers Beschreibung von Zienhammers Wohnung im »Roman No 7/II: Der Grenzwald«. Es heißt nicht erzählkonventionell und erzählgemütlich etwa: »... vom Gang trat man in die Küche ...«, sondern es heißt hart und eckig, äußerst distanziert (dem Fall Zienhammer gemäß):

Inspektion der Wohnung durch den Autor: vom Gang tritt man in die Küche. Kein Vorzimmer. In der Küche ist ein Herd, aber gekocht wird nicht. Vorherrschend ist Stiefelwichse, wegen der Jagdstiefel; Bürstchen und runde Wichsschachteln daneben. Die Möbel der Zimmer sind bei einer Versteigerung alt gekauft. Vorne Tisch mit vier Sesseln, das Bett mit dem Nachttischlein im rückwärtigen Raum. Es ist im ganzen nicht gerade freundlich.[94]

## 7

Um das Bild der typischen Formen der Rede in der Erzählung nicht allzu unübersichtlich werden zu lassen, schlage ich vor, grundlegend nur vier Kategorien zu unterscheiden, differenziert nach Kern und Rand und differenziert als konstitutiv und fakultativ.

---

93 Thomas Mann, Buddenbrooks, Gesammelte Werke in Einzelbänden, hrsg. von Peter de Mendelssohn, Frankfurt/M. 1981, S. 10.

94 Heimito von Doderer, Roman No 7/II: Der Grenzwald, München 1967, S. 76.

Im Kern besteht Erzählung konstitutiv aus *erzählend-berichtender Rede* (1 = Lämmert 1,2; Bonheim 2; Werlich 2). Zum Kern gehört in vielen Fällen aber auch, wenngleich nur fakultativ für die Erzählung, die *Redewiedergabe*, das mehr oder weniger wörtliche Zitieren von Reden der am erzählten Geschehen beteiligten Personen (2 = Lämmert 7; Bonheim 3).

Am Rand und damit kategorial fakultativ kommt in der Erzählung gewöhnlich *weitere Rede zur erzählten Sache oder aus Anlaß der erzählten Sache* hinzu (3). Unter dieser Kategorie wäre bei Binnendifferenzierung in erster Linie die allgemein sachverhaltsfeststellende Rede zu subsumieren (vgl. Werlich 3) – vor allem vom Typ der erzählungsexponierenden Rede »Es war einmal ...« oder »Am Ort X zur Zeit Y lebte Person Z ...«. Weiterhin ließen sich hier einordnen: die beschreibende Rede (Lämmert 4,5; Bonheim 1; Werlich 1), die reflektierende Rede (Lämmert 3,6; Bonheim 4; Werlich 3,4) und die bewertende Rede (vgl. Hannes). Allenfalls ganz am Rand wäre noch an die instruktive Rede (Werlich 5) zu denken, die nun nicht eben typisch ist für denjenigen, der sich dezidiert als Erzähler versteht; immerhin gibt es ja aber nicht nur falldokumentierendes, sondern auch belehrendes und weiterhin handlungsaufforderndes Erzählen mit Akzent auf der »Moral von der Geschicht': Bad' zwei in einer Wanne nicht!«.

Seinerseits als Rede am Rand und als fakultativ ist schließlich alles das miteinzubeziehen, was beim Erzählen gewöhnlich zum Drumherum des Erzählens gesagt wird, wovon Proben bei Hannes verzeichnet sind; Vorschlag in einfachen Worten: *Rede zur Rede* und zur Redesituation (4).

## 8

Bilanz zum 7. Grundsatz:

Erzählung besteht im Kern

- konstitutiv aus erzählend-berichtender Rede (1) und
- fakultativ aus Redewiedergabe (2)

und am Rand fakultativ

- aus weiterer Rede zur erzählten Sache oder aus Anlaß der erzählten Sache (3) sowie
- aus Rede zur Rede und zur Redesituation (4).

## 9

Wenn man will, kann man diese Typologie terminologisch noch weiter vereinfachen. Man kann ganz einfach von je zwei Formen intraerzählerischer und extraerzählerischer Rede sprechen. Intraerzählerischer Rede in Form von erzählend-berichtender Rede (1) und in Form von Redewiedergabe (2). Extraerzählerischer Rede in Form von weiterer Rede zur Sache (3) und in Form von Rede zur Rede (4).

## 10

Andrerseits soll nicht ausgeschlossen sein, daß Erzählung nicht auch noch andere Formen nichterzählerischer Rede in sich enthalten kann. Käte Friedemann weist in ihrem Buch »Die Rolle des Erzählers in der Epik« (1910) beispielsweise auch auf Fälle expressiver Rede im Roman hin.[95] Worauf es ankommt, ist nur, sich klarzumachen, was bei der literaturwissenschaftlichen Analyse von Erzähltexten nicht immer hinreichend berücksichtigt wird: daß Texte, die wir, aufs Ganze gesehen, Erzähltexte nennen, in aller Regel keineswegs ausschließlich aus erzählender Rede bestehen. Grundsatz: *Erzählung besteht in der Regel nicht nur aus Erzählen.*

95 Käte Friedemann: Die Rolle des Erzählers in der Epik, S. 209f.

## 8. Erzählliteratur ist künstlerisches Schriftwerk – erzählerisch oder halbwegs erzählerisch

### 1

Die besprochenen Grundsätze galten dem Erzählen und der Erzählung allgemein – unabhängig davon, ob mündlich oder schriftlich, ob künstlerisch oder nichtkünstlerisch, ob fiktional oder nichtfiktional, ob innerhalb oder außerhalb der Literatur. Sie sind, obwohl immer wieder an Beispielen aus der Literatur und im Hinblick auf Literatur demonstriert, streng genommen noch nicht spezifisch literaturwissenschaftlich, sondern, wenn man so sagen darf, allgemein-erzählwissenschaftlich (in dem Sinn etwa, wie sich die moderne sogenannte Narratologie versteht).[96] Die folgenden Grundsätze sind demgegenüber ausgesprochen literaturwissenschaftlich. Sie gelten der Erzählliteratur oder, um es ganz vorsichtig zu sagen, demjenigen, was man in spezifischer Auslegung des Begriffs als Erzählliteratur bezeichnen kann.

Erzählliteratur ist nun allerdings ein vieldeutiger, präzisierungsbedürftiger Begriff – und zwar was beide Begriffsbestandteile betrifft, den Begriffsbestandteil Erzählung wie den Begriffsbestandteil Literatur.

### 2

Den Begriff Literatur im Zusammenhang mit Erzählliteratur verstehe ich, im Rahmen dieser Grundsätze hier, prinzipiell im deskriptiven Sinn, also als Beschreibungsbegriff, nicht als Wertbegriff, und dabei in Zu-

---

96 Gegenstand der »Narratologie«, verstanden als »science du récit« (Todorov), ist prinzipiell alles Erzählen, nicht nur das literarische, nicht einmal nur das sprachliche. Daran ist festzuhalten, auch wenn sich erklärte »Narratologen« – wie etwa Gérard Genette (»Discours du récit«) oder Mieke Bal (»Narratology«) – meist hauptsächlich auf das literarische (meist: besonders das fiktionale literarische) Erzählwerk beziehen. Vgl. zum neusten Stand der Diskussion den Artikel »Erzähltheorie« von Ansgar Nünning im »Reallexikon der deutschen Literaturwissenschaft«, Bd. 1, 1997, S. 513-517.

sammenfassung zweier Bedeutungen des Worts Literatur: der elementaren Bedeutung des Worts im Sinn von Literatur als Schrift und der wichtigsten Zusatzbedeutung des Worts im Sinn von Literatur als Kunst. Erzählliteratur soll soweit als Sammelbegriff bestimmter künstlerischer Schriftwerke (oder, wie man will, literarischer Kunstwerke) gelten.

### 3

Mit dieser Auslegung sind gegenüber anderen Auffassungen des Begriffs Erzählliteratur gewisse Einschränkungen verbunden. Nicht erfaßt sind zumal drei Gruppen von Erzähltexten. Zum ersten nichtkünstlerische mündliche Erzähltexte – wie etwa die Alltagserzählung. Zum zweiten nichtkünstlerische schriftliche Erzähltexte – wie etwa erzählende Texte aus dem Bereich des pragmatischen Schrifttums. Zum dritten genuin mündliche künstlerische Erzähltexte – wie etwa die orale Erzähldichtung. Bei der Frage der Einbeziehung dieser Art von Texten, meine ich, trennen sich die Wege der allgemeinen Erzählforschung (Narratologie) und der speziellen Erzählliteraturforschung.

### 4

Nicht eingeschränkt ist die hier vorgeschlagene Auslegung von Erzählliteratur – im Unterschied zu anderen Auffassungen des Begriffs – auf fiktionale Literatur. Fiktionale Erzählliteratur verstehe ich grundsätzlich nur als einen Teilbereich der insgesamt als künstlerisch zu bezeichnenden Erzählliteratur: solche Erzählliteratur, die speziell auf der Kunst der Fiktion beruht. Es ist allerdings, wie zuzugeben ist, praktisch der Hauptbereich.

Von Vorteil scheint mir diese Differenzierung vor allem angesichts der Tatsache, daß es in der Literatur – zumal in neuerer Zeit – zahlreiche Erzähltexte gibt, von denen nicht mit Sicherheit zu sagen ist, ob sie fiktional oder nichtfiktional sind. Solche zwischen Fiktion und Nichtfiktion schillernden Texte in der Literatur fallen immerhin unter den Begriff des künstlerischen Texts. (Näheres dazu in Grundsatz 9.)

## 5

Was den ersten Bestandteil des Begriffs Erzählliteratur betrifft, den Begriffsbestandteil Erzählung, so ist zu bedenken, daß es sich hier nicht ausschließlich um Erzählung im strukturellen Sinn (gemäß den Grundsätzen 1-7) handeln kann. Man mag das bedauern. Schön klar und einfach wäre es, wenn man sagen könnte, Erzählliteratur sei Literatur in Form der Erzählung. Doch die Praxis will es nicht so. Zur Erzählliteratur zählt im literarischen Leben mancherlei mehr als spezifisch erzählerisch strukturiertes Schriftwerk. (Näheres dazu in Grundsatz 10.) Grundsatz 8 einstweilen: *Erzählliteratur ist künstlerisches Schriftwerk – erzählerisch oder halbwegs erzählerisch.*

## 6

Als Anschauungsmaterial, in dessen Zusammenhang die vorstehenden Überlegungen entwickelt wurden, diente vor allem neuere Kurzgeschichtenliteratur, exemplarisch zumal die beiden einschlägigen Sammelbände »Lange Schatten« (1960) und »Ferngespräche« (1966) von Marie Luise Kaschnitz. Die hier zusammengestellten Texte firmieren – wie viele Kurzgeschichten – dem Untertitel nach als Erzählungen. Sie gehören zweifellos sämtlich zur Literatur im explizierten Sinn: sie sind künstlerische Schriftwerke. Sie sind jedoch nicht durchweg fiktionale Texte, und sie sind nicht durchweg Erzählungen im strukturellen Sinn. Was die Fiktionsfrage betrifft, reicht der Spielraum hier von sichtlich fiktionalen Texten (etwa »Gespenster«) über zwischen Fiktion und Nichtfiktion schillernde Texte (etwa »Eines Mittags, Mitte Juni«) bis zu sichtlich nichtfiktionalen Texten (etwa »Am Circeo«). Was die Erzählfrage angeht, reicht der Spielraum von Texten in Nachahmung der kolloquialen Alltagserzählung (etwa »Der Tulpenmann«) über artifiziell reduzierte Erzählungen (etwa »Lange Schatten«) bis hin zu Texten in Form des Tagebuchs (etwa »Die Füße im Feuer«) und zu Texten, die eher Selbstgespräche als Erzählungen sind (etwa »Popp und Mingel«).

## 9. Erzählliteratur ist künstlerisch, nicht unbedingt fiktional

### 1

Texte aus dem Bereich der Erzählliteratur sind zweifellos in den meisten Fällen fiktionale Texte. Prototypisch ist hier der Roman, der mit Recht als die Hauptdomäne der Erzählliteratur gilt. Mit dem Roman ist ja nun schon von altersher das Moment der Fiktion, des Erfundenen, des Erdichteten, des nur in der Phantasie Vorgestellten oder – mit Käte Hamburger zu sprechen – des Nicht-Wirklichen verbunden. Dennoch, so sehr die Hauptmasse der Erzählliteratur fiktionale Erzählliteratur ist, scheint es mir nicht sachgerecht, Erzählliteratur und fiktionale Erzählliteratur geradewegs zu identifizieren. Mein Vorschlag ist, wie bereits in Grundsatz 8 angedeutet, Erzählliteratur zunächst einmal grundlegend als künstlerische Literatur aufzufassen und Fiktionalität nur als eine der Ausprägungsmöglichkeiten des Künstlerischen zu begreifen. Grundsatz 9: *Erzählliteratur ist künstlerisch, nicht unbedingt fiktional.*

### 2

Zwei Gruppen von Texten sind es vor allem, die zu dieser Differenzierung nötigen: einerseits solche literarischen Erzählungen, denen man etwas antäte, wenn man sie geradewegs als fiktional bezeichnen würde, andrerseits solche literarischen Erzählungen, die offenlassen, ob sie als fiktional oder als nicht-fiktional aufzufassen sind.

Repräsentativ für die erste Gruppe ist etwa Hans Erich Nossacks Erzählung »Der Untergang«, erstveröffentlicht in seinem Sammelband »Interview mit dem Tode« (1948). Es besteht kein Zweifel, daß die meisten Texte dieses Bandes eindeutig fiktionale Texte sind; es besteht aber ebensowenig ein Zweifel an dem nichtfiktionalen Charakter des Texts »Der Untergang«: Der Autor dokumentiert hier sein Erlebnis der Bombardierung Hamburgs in den letzten Julitagen des Jahres 1943: »Ich habe den Untergang Hamburgs als Zeuge erlebt ...« Dabei aber besteht wiederum kein Zweifel daran, daß es sich hier nicht um einen gewöhnlichen dokumentarischen Text (einen sogenannten Sachtext), sondern um einen künstlerischen Text handelt: Er ist partienweise eindringlich (manchmal vielleicht auch aufdringlich) poetisch stilisiert, und er zeigt schon durch seinen Titel (»Der Untergang«), daß er auf eine Weise, die nur als künstlerisch bezeichnet werden kann, auf Beispielhaftigkeit, Modellhaftigkeit, Repräsentativität des Dargestellten angelegt ist.[97]

Der Fall Nossack ist noch vergleichsweise vereinzelt. In neuester Erzählliteratur ist es offenbar gängig, in einschlägigen Textsammlungen fiktionale und nichtfiktionale Texte bunt miteinander zu mischen. Ein charakteristisches Beispiel ist etwa die Sammlung von durchweg artifiziellen Texten, die Franz Hohler unter dem Titel »Die blaue Amsel« (1995) zusammengestellt hat. Sichtlich fiktionale Erzählungen (»Der Teufel machte einmal außerhalb von Bellinzona Autostop ...«) stehen hier zwanglos neben sichtlich nichtfiktionalen (»Kürzlich, als ich in Luzern im Zug saß und auf die Abfahrt nach Zürich wartete ...«).[98]

## 3

Problematischer, aber andrerseits vielleicht auch weniger problematisch ist die zweite Gruppe: Texte, die in der Schwebe lassen, ob sie Fiktion oder Nichtfiktion sind. Problematisch sind sie jedenfalls da, wo sie Heikles zum Gegenstand haben – wie zumal mysteriöse Vorgänge. Weniger problematisch sind sie insofern, als sie sich gerade durch das Verfahren, die Fiktionsfrage offenzuhalten, als künstlerisch zu erkennen geben: künstlerischer Umgang mit Wirklichem oder Erfundenem, wie es im reinen Sachtext nicht möglich ist.

Einschlägige Fälle musterhafter Art sind Marie Luise Kaschnitz' Kurzgeschichte »Eines Mittags, Mitte Juni« und Knut Hamsuns Erzählung »Ein Gespenst«. Frau Kaschnitz' Juni-Erzählung[99] steht in einer Reihe mit ihren durchweg hochartifiziellen Kurzgeschichten in der Sammlung »Lange Schatten« und ist so artifiziell wie die anderen Texte des Bandes. Sie ist wie viele andere in der Ich-Form geschrieben,

---

97 Vgl. dazu grundlegend Nelson Goodman, Weisen der Welterzeugung (1978), Frankfurt/M. 1995, vor allem zum Begriff der Exemplifikation.

98 Vgl. Franz Hohler, Die blaue Amsel, München 1995, S. 87, S. 121.

99 Marie Luise Kaschnitz: Lange Schatten, S. 113-119.

macht aber überraschenderweise (durch Wiedergabe einer Dialogrede) die Erzählerin geradewegs als »Frau Kaschnitz« namhaft. Dabei läßt sie offen, ob die Autorin ernsthaft (nichtfiktional) ein autobiographisches Erlebnis dokumentiert oder ob sie es sich nur mehr oder weniger gemodelt spielerisch (fiktional) zuschreibt. Der erzählte Fall besteht im Kern daraus, daß die Hauptperson der Geschichte (»Frau Kaschnitz«) zum selben Zeitpunkt, während sie in den Ferien in Italien beim Schwimmen im Meer nahe daran ist, ihr Leben aufzugeben, von einer Unbekannten in ihrem Wohnhaus in Deutschland ihren Nachbarn gegenüber geradezu totgesagt wird. Der Fall mag sich phantastisch anhören, wird aber mit allen Mitteln realistischer Darstellungskunst nur als mysteriös insinuiert.[100]

Ein vergleichbarer, noch irritierenderer Fall ist Knut Hamsuns kleine Erzählung »Ein Gespenst«:[101] Sie handelt geradewegs von einer Begegnung mit einem veritablen Gespenst. Es ist keine Frage, daß es auch hier um eine künstlerische Erzählung geht, es bleibt aber ebenso wie bei Marie Luise Kaschnitz offen, ob sie als fiktional oder als nichtfiktional zu verstehen ist. Für das letztere spricht, daß sie in den Kontext einer Reihe von Texten unter dem Titel »Kleine Erlebnisse« gestellt ist, von denen einige eindeutig als autobiographische Dokumentationen erkennbar sind; für das erstere kann sprechen, daß sie zusammen mit den anderen »Kleinen Erlebnissen« immerhin in einem Sammelband steht, der im Untertitel »Novellen« heißt.

Wenn man es in Sachen Fiktion mit John R. Searle hält, der zu bedenken gegeben hat, daß die Frage der Fiktion in der Literatur grundsätzlich im Zusammenhang mit den Absichten des Autors zu sehen ist,[102] muß man angesichts der Beispielfälle von Marie Luise Kaschnitz und Knut Hamsun offenbar annehmen, daß es hier zu den Absichten der Autoren gehört, die Frage nach Fiktionalität oder Nichtfiktionalität ihrer Texte in der Schwebe zu halten. Wo dies geschieht, dürfte man in den meisten Fällen annehmen können, daß die Autoren in dem Maß, wie sie den Status ihrer Texte (ob fiktional oder nichtfiktional) und die

---

100 Vgl. Dietrich Weber, Theorie der analytischen Erzählung, München 1975, S. 155-157, sowie Ders.: Kleine Logik der Gespenstergeschichte, in: D. W. (Hrsg.), Gespenstergeschichten, Stuttgart 1989, bes. S. 490f.

101 Knut Hamsun, Die Novellen, übers. von Mathilde Mann und Julius Sandmeier, München/Wien 1968, S. 165-172.

102 Vgl. John R. Searle: Der logische Status fiktionalen Diskurses, S. 87.

Art des Substrats ihrer Texte (ob auf Erfundenem beruhend oder ob auf Wirklichem) unbestimmt lassen oder auch irrelevant setzen, den Charakter des in ihren Texten Dargestellten in den Vordergrund stellen: den Charakter des Beispielhaften, Modellhaften, Repräsentativen im Sinn einer der wesentlichen Bedeutungen von Literatur als Kunst.

## 4

Wir haben uns soweit über das Künstlerische, die Kategorie des Künstlerischen, nur durch Beispiele verständigt. Im Zweifelsfall geht es nicht anders. Kategorial festlegen und ausschließend und abschließend einen Merkmalkatalog dazu entwerfen zu wollen, was künstlerisch ist, kann man sich nicht anmaßen. Immerhin aber kann man, ehe man (im Sinn von Helmut Kreuzers treffenden Vorschlägen zum Literaturbegriff)[103] auf den je empirischen Kunstbegriff zurückgreift, nach dem alles das Kunst ist, was in einer bestimmten historischen Situation oder Epoche als Kunst gilt, mit Faustformeln arbeiten. Die Faustformel, an die ich bei diesem Grundsatz hier gedacht habe, ist eine, die sich im seminaristischen Hausgebrauch einigermaßen bewährt hat. Sie lautet (in Anlehnung an die von Harald Fricke entwickelte Definitionsweise):[104] Wir nennen schriftlich fixierte Erzähltexte hauptsächlich dann künstlerisch, wenn sie mindestens eines der folgenden Merkmale aufweisen:

- wenn sie fiktional sind (fiktional im prototypischen Sinn als auf Erfindung beruhend) oder
- wenn sie auf besondere Weise ästhetisch stilisiert sind oder
- wenn das in ihnen Dargestellte beispielhaft ist oder, wie man auch formulieren kann, modellhaft, symbolisch, repräsentativ.

## 5

Hintergrund des hier skizzierten Grundsatzes ist eine Idiosynkrasie, die ich nicht für persönlich halte. Ich meine die Empfindlichkeit gegenüber dem Unpassenden, wenn man eine Terminologie, die ausgespro-

103 Vgl. Helmut Kreuzer, Veränderungen des Literaturbegriffs, Göttingen 1975, S. 64.

104 Vgl. Harald Fricke, Norm und Abweichung. Eine Philosophie der Literatur, München 1981.

chen im Hinblick auf solche Texte entwickelt worden ist, die auf Erfundenem beruhen, bedenkenlos auf Texte überträgt, die offensichtlich oder auch nur möglicherweise nicht auf Erfundenem beruhen. Angesichts solcher Texte, meine ich, sträubt sich etwas in einem dagegen, solche Begriffe zu verwenden wie etwa Ich-Erzähler oder Erzählinstanz oder Erzählmedium oder episches Medium, die alle mehr oder weniger nur unter der Voraussetzung der Fiktionalität des jeweiligen Texts ihren Sinn haben. Ein Ausweg aus diesem Dilemma scheint es mir zu sein, die Verhältnisse in solchen Texten mit möglichst neutralen Begriffen zu beschreiben. In diesem Sinn versteht sich vor allem mein Plädoyer für den Ausdruck künstlerisch im Hinblick auf Erzählliteratur. Erzählliteratur mag meist fiktional sein, doch ist sie a fortiori künstlerisch.

## 10. Erzählliteratur besteht nicht nur aus Erzählung im strukturellen Sinn

### 1

In den Grundsätzen 1 bis 7 haben wir versucht, die strukturellen Elemente zusammenzutragen, die man benötigt, wenn man Erzählen und Erzählung grundsätzlich bestimmen will. Wir haben es dabei mit Erzählen und Erzählung um der Begriffspräzision willen einigermaßen streng genommen. Eben diese Strenge gilt es offenbar zu relativieren, wenn es um den Begriffsbestandteil Erzählung im Begriff Erzählliteratur geht. Jedenfalls meint man praktisch im Literaturbetrieb – in Literaturwissenschaft wie Literaturgeschichte, in Literaturinterpretation wie Literaturkritik und erst recht im Buchhandel – mit Erzählliteratur nicht ausschließlich Erzählungen im strukturellen Sinn, sondern bezieht großzügig und weitläufig auch anders strukturierte Texte mit ein – innerhalb der fiktionalen Literatur etwa auch Tagebuchromane oder Briefromane aller Art, obwohl Tagebuch und Brief nun ja nicht notwendig Organe des Erzählens sind.

Angesichts dessen muß man sich offenbar damit behelfen, Erzählliteratur, soweit sie spezifisch erzählend strukturiert ist, nur als Erzählliteratur im engeren Sinn zu begreifen und darüber hinaus von Fall zu Fall von Erzählliteratur im weiteren bzw. sogar im weitesten Sinn zu sprechen.

Mit Erzählliteratur im weiteren Sinn meine ich: künstlerische, insbesondere fiktionale Schriftwerke, die nur partiell Strukturelemente des Erzählens in sich aufnehmen, die sozusagen nur in Anlehnung an die Form der Erzählung verfaßt sind.

Mit Erzählliteratur im weitesten Sinn meine ich: künstlerische, insbesondere fiktionale Schriftwerke, die in einem dem Medium der Erzählung gleichsam benachbarten geschehensdarstellenden Medium verfaßt sind, soweit sie – nach allgemeinem Sprachgebrauch im Literaturbetrieb – zur Erzählliteratur gezählt werden. Erzählliteratur versteht sich dabei nur noch als Buchhandelsbegriff.

## 2

Ein Beispiel für das, was hier Erzählliteratur im weiteren Sinn heißen soll, wurde im Zusammenhang des 5. Grundsatzes besprochen: Marie Luise Kaschnitz' Kurzgeschichte »Ja, mein Engel«. Der Text läßt sich, wie erläutert, nur mit Maßen als Erzählung ansehen. Er präsentiert sich zwar für die längste Strecke als regelrechte Erzählung: Erzählung einer Person im Rückblick auf einen bestimmten Zeitabschnitt ihres Lebens, Erzählung in Form des »Und dann und dann ...«, Erzählung im kolloquialen Ton in Anlehnung an die Alltagserzählung, Rede einer inzwischen außenstehenden Person, Rede mit deutlicher Ausprägung der beiden Orientierungszentren der Erzählung, dem Jetzt des Erzählens und dem Damals des Erzählten. Insgesamt aber geht der Text nicht in dieser Struktur auf. Er enthüllt am Ende, daß ihm gar keine – im wörtlichen Sinn so zu nennende – »Erzählsituation« zugrunde liegt; denn dazu müßte – zusammen mit allen den genannten Strukturmerkmalen der Erzählung – noch die Ausrichtung der Rede an einen Partner gehören. Eben dies ist aber in diesem Text, wie sich am Ende pointiert herausstellt, nicht der Fall. Aufs Ganze gesehen ist der Text nur als einsamer, an niemanden gerichteter Monolog zu lesen, der für lange Zeit nur scheinbar die Form der Erzählung hat. Wenn man in Kenntnis des Ganzen in bezug auf die längste Strecke des Texts an dem Terminus Erzählung festhalten will, so bietet es sich allenfalls an, von einer »inneren Erzählung« oder »Selbstgesprächserzählung« zu sprechen.

Ein prominentes vergleichbares Beispiel ist Heinrich Bölls berühmte Kurzgeschichte »Wanderer, kommst du nach Spa ...«. Auch bei diesem Text muß man sozusagen Kompromisse machen, wenn man ihn als Erzählung liest. Der Text ist in der Ich-Form des Helden verfaßt und folgt dabei im Stil der (seinerzeit) modernen Kurzgeschichte ganz dicht den Stationen seines Erlebens. Dabei aber läßt sich nicht recht, wie sonst bei sogenannten Ich-Erzählungen, formulieren, der Autor lasse hier eine von ihm erfundene dritte Person erzählen, denn es ist realistischerweise gar keine Situation vorstellbar, in der der auf den Tod zugehende Held jemandem von seinem letzten Erleben erzählen könnte. Wenn schon Erzählung, dann ist es, wie Dieter Lamping diesen häufiger zu beobachtenden Typ von Sterbegeschichte genannt hat, eine »Erzählung, die auf einer irrealen Sprechsituation beruht«.[105] Ein anderer Kompromiß wäre es, sich den Text als eine Art Überkreuzung verschiedener literarischer Darstellungstechniken vorzustellen: Überkreuzung der Technik des inneren Monologs mit der Technik der Standard-Erzählung.[106] Der Text wäre ein reiner innerer Monolog, wenn er im Präsens statt im Präteritum verfaßt wäre. Und er wäre eine reine Standard-Erzählung, wenn er in dritter Person statt in erster Person geschrieben wäre. (Böll verwendet in dem Sammelband »Wanderer, kommst du nach Spa ...« beide Techniken auch in reiner Form. »An der Angel« ist ein klarer Fall von innerem Monolog (Ich-Form, Präsens); »Lohengrins Tod« ist ein klarer Fall von Standard-Erzählung (dritte Person, Präteritum).) Eine dritte Kompromißmöglichkeit wäre es, anzunehmen, der Text sei, ganz pointiert gesagt, eine Erzählung über eine dritte Person namens »Ich«, eine »Pronominalerzählung« (so gut wie Erzählung über eine Person namens »Er«).[107] Es entspräche dies dem Aperçu von Virginia Woolf: »... ›ich‹ ist nur ein bequemer Ausdruck für jemanden, den es nicht wirklich gibt.«[108]

---

105 Dieter Lamping, Die fiktionale Sterbegeschichte, in: Von der Wachstafel zum Tonbandgerät. Für Jürgen Born zum 60. Geburtstag, Wuppertal 1987 (Wuppertaler Broschüren zur Allgemeinen Literaturwissenschaft Nr. 1), S. 71-99, bes. S. 81.

106 Zum Begriff Standard-Erzählung für Erzählung in dritter Person vgl. John R. Searle: Der logische Status fiktionalen Diskurses, S. 90.

107 Vgl. Dietrich Weber, Der Geschichtenerzählspieler. Ein Begreifbuch von höheren und niederen Erzählsachen, Wuppertal 1989 (Wuppertaler Broschüren zur Allgemeinen Literaturwissenschaft Nr. 3), S. 99, ferner die Beobachtung Friedrich Wilhelm Zimmermanns (Episches Präteritum, episches Ich und epische Normalform), daß sich bei Ich-Erzählungen »im Extrem die Bedeutung von *ich* auf die einer Eigennamensschablone ohne Hinweiskraft in der Redesituation reduzieren kann« (S. 310), sowie die – allerdings wohl überzogene – These von Kaspar Kasics (Literatur und Fiktion, Heidelberg 1990, S. 72), »daß bei der sogenannten Ich-Erzählung das ›Ich‹ fälschlicherweise als Subjekt, und nicht als Objekt der Rede aufgefaßt« werde.

108 Virginia Woolf, Ein Zimmer für sich allein (1929), Frankfurt/M. 1981, S. 8. – Einschlägige Fälle von sozusagen »innerer Erzählung« aus neuester Erzählliteratur sind etwa die Arbeiten von Roland Koch (Helle Nächte, Köln 1995) und Simone Frieling (Mutproben, Blieskastel 1997).

## 3

Mit Erzählliteratur im weitesten Sinn meine ich solche Texte, die gleichsam nur noch buchhändlerisch unter dem Titel Erzählungen geführt werden. Griffig ist dies vor allem bei Kurzgeschichtensammlungen, in denen immer wieder neben spezifisch erzählend strukturierten Texten auch andere Arten von – um es mit einem provisorischen Oberbegriff für Erzähltexte zu sagen – geschehensdarstellenden Texten ihren Platz finden. Um so griffiger sind Texte dieser Art, wenn die Autoren dabei das eine oder andere allgemein bekannte mündliche oder schriftliche Medium in ihren Fiktionen einsetzen – wie etwa die öffentliche Rede oder die Rede vor Gericht, den Brief oder Briefwechsel, das Tagebuch oder auch Gespräch und Selbstgespräch. Bei solch breiter Streuung immer wieder nur teilweise erzählender Texte fallen dann gelegentlich auch Texte, die spezifisch dramatisch strukturiert sind, wie Monolog oder Innerer Monolog, unter Erzählliteratur.

Hier eine kleine Liste einschlägiger Texte, an deren Titeln sich bereits das spezielle Medium ablesen läßt, das die Autoren dabei in Dienst nehmen:

- »Antrittsrede« (Gabriele Wohmann, 1964)[109]
- »Brief eines Taxichauffeurs an einen Generalsuperintendenten« (Wolfdietrich Schnurre, 1947)[110]
- »Ferngespräche« (Marie Luise Kaschnitz, 1966)[111]
- »Achtzehn Diapositive« [Dia-Vortrag] (Siegfried Lenz, 1973)[112]
- »Album« [Blättern im Foto-Album] (Max Frisch, Tagebuch 1966-71)[113]
- »Tagebuch einer Eintagsfliege« (Wolfdietrich Schnurre, 1968)[114]
- »Hauptstädtisches Journal« (Heinrich Böll, 1957).[115]

---

109 Gabriele Wohmann, Ausgewählte Erzählungen aus zwanzig Jahren, Darmstadt 1979, Bd. 2, S. 7-13.

110 Wolfdietrich Schnurre, Brief eines Taxichauffeurs an einen Generalsuperintendenten, in: W. S., Man sollte dagegen sein. Geschichten, Frankfurt/M. 1964, S. 29-36.

111 Marie Luise Kaschnitz: Ferngespräche, S. 53-65.

112 Siegfried Lenz: Die Phantasie, S. 213-236.

113 Max Frisch, Tagebuch 1966–1971, Frankfurt/M. 1972, S. 325-335.

114 Wolfdietrich Schnurre, Ohne Einsatz kein Spiel. Heitere Geschichten, Frankfurt/M. 1968, S. 155-159.

115 Heinrich Böll: Romane und Erzählungen 3, Werke hrsg. von Bernd Balzer, S. 223-231.

Es sind alle diese Texte unter dem Buchhandelsbegriff »Erzählliteratur« einzuordnen, doch sind sie nicht unbedingt in jedem Fall erzählende Texte im strukturellen Sinn. Schnurres »Brief eines Taxichauffeurs« z.B. ist kein erzählender, sondern ein anklagender Brief (»Sprechen Sie eigentlich die Sprache des Menschen? ... Sprechen Sie nicht vielmehr die Sprache des Teufels?«).[116] Gabriele Wohmanns »Antrittsrede« ist dominant szenisch angelegt. Zwar gibt es partienweise erzählende Rede – entsprechend der Ankündigung: »Meine Herren, ich weiß die Ehre zu schätzen, heute und hier als frischgebackenes Clubmitglied Ihnen gewissermaßen mein vergangenes Leben zu Füßen legen zu dürfen ...«, doch setzt der Text unmittelbar dramatisch-szenisch ein: »Bitte? Ja, das stimmt, allerdings. Das bin ich: musikalisch ...«, und er läßt am Ende auch andere Sprecher zu Wort kommen: »Vorsitzender: Ich bitte um Ruhe, meine Herren ...« Man kann nebenbei daran erinnern, daß unter Hemingways »Stories« (in der deutschen Gesamtausgabe als »Erzählungen« übersetzt) auch ein Text von vollends dramatischer Struktur zu finden ist: »Today is Friday« – ein kleiner Karfreitags-Einakter, mit Regiebemerkungen und dem Schluß: »Vorhang«. Kurzgeschichten sind offenbar nicht notwendig Erzählungen im strukturellen Sinn.

Es versteht sich, daß in solchen Fällen, in denen die Autoren sich für die Vermittlung ihrer Geschichten genuin nichterzählerischer Medien bedienen, das spezielle Instrumentarium der literaturwissenschaftlichen Erzähltheorie nicht benötigt wird. Zur strukturellen Analyse solcher Texte genügt es, sich die allgemeinen Regeln der jeweils genutzten Medien zu vergegenwärtigen und die einzelnen Texte auf das Maß der Orientierung an diesen Medien hin zu überprüfen. Maß der Orientierung oder Maß der Nachahmung – die Regel ist, daß es sich dabei nicht um sklavische Nachahmung handelt.

Im übrigen ist damit zu rechnen, daß die Autoren innerhalb der Texte die Medien, an denen sie sich orientieren, unter der Hand wechseln. Nikolaj Gogol z.B. hält sich in seinen am Tagebuch orientierten »Aufzeichnungen eines Wahnsinnigen«[117] nur mit Maßen an die Regeln der

116 Vgl. die Unterscheidung von »Berichtbrief«, »Aktionsbrief« u.a. bei Wilhelm Voßkamp, Dialogische Vergegenwärtigung beim Schreiben und Lesen. Zur Poetik des Briefromans im 18. Jahrhundert, in: DVjs. 45, 1971, S. 80-116, hier S. 97.

117 Nikolaj Gogol, Sämtliche Erzählungen, übers. von Josef Hahn, München 1961, S. 788-812.

Tagebuchform. Einmal läßt er seinen fiktiven Tagebuchschreiber nicht einmal mehr schreiben, sondern geradewegs – wie auf der Bühne – sprechen: »Also, sehen wir einmal nach! Der Brief ist ziemlich leserlich, doch ist in der Handschrift etwas unverkennbar Hündisches. Lesen wir denn!« Darauf folgt nicht etwa die Abschrift des Briefs im Tagebuch, sondern die unmittelbare Lektüre – mit Unterbrechungen und Anmerkungen (»Ah!«, »Äh«, »Hm!«, »Ei, ei«). Es ist ein Musterfall der wesentlich durch Gogol in der Literatur durchgesetzten Schreibweise des sogenannten »skaz«: der dramatisch-erzählerischen Fiktion unmittelbaren, jeweils individuell auf das Temperament des Redenden abgestimmten mündlichen Sprechens in all seiner Natürlichkeit der Extemporierung und Improvisation. Aber hier eben aparterweise nicht am strukturell gehörigen Ort: skaz im Tagebuch.

Erst recht ist natürlich damit zu rechnen, daß die »Erzählliteraten« die Medien, mit denen sie arbeiten, auf die bunteste Weise einander abwechseln lassen und miteinander mischen können. Schon einen so alten Text wie E. T. A. Hoffmanns Novelle »Der Sandmann« müßte man, wenn man es genau nimmt, statt ihn einfach als »Erzählung« zu bezeichnen, als Novelle anfangs in Form des Briefwechsels, dann erst in Form der Erzählung (der fiktionalen Autorerzählung) beschreiben. In neuester Zeit gibt es Romane, die alle möglichen Medien nutzen. So etwa registriert eine Rezension zu Ronald Munsons Roman »Fan Mail« (1993): »... sämtliche Teile des Textes bestehen ... aus der Wiedergabe von faksimilierten Hauspostmitteilungen sowie von protokollierten Anrufbeantworterbotschaften, Mitschnitten von Telefongesprächen und Aufzeichnungen von Diktiergeräten; aus Mailbox-Ablagen und Computerdialogen; aus einer Vielzahl von Telefaxübermittlungen sowie hin und wieder aus ein paar guten alten Briefen«.[118] Grundsatz 10: *Erzählliteratur besteht nicht nur aus Erzählung im strukturellen Sinn.*

118 Frankfurter Allgemeine Zeitung, 27.10.94.

## 11. Fiktionale Erzählliteratur ist Spielwerk – illusionistisch oder nichtillusionistisch

### 1

Wie immer schwierig fiktionale und nichtfiktionale Erzählliteratur voneinander abzugrenzen sind, so steht doch außer Zweifel, daß fiktionale Erzählliteratur kategorial den Charakter des Spiels hat. Der Erzählfiktionsschreiber ist, realistisch betrachtet, ja nun nichts anderes als ein Spieler und das fiktionale Erzählschriftwerk nichts anderes als ein Spiel, das er spielt. Es lohnt sich dies eigens zu betonen, und zwar vor allem deshalb, weil sonst eine wichtige Unterscheidung, die zur Übersicht über die Arten fiktionaler Erzählliteratur dienen kann, nicht zur Geltung käme: die Unterscheidung zwischen illusionistischer und nichtillusionistischer Erzählung. In beiden Fällen handelt es sich um Spiel, nur ist es das eine Mal ein Spiel, über dessen Spielcharakter im Spiel selbst (illusionistisch) hinweggetäuscht wird, das andere Mal ein Spiel, das offen (nichtillusionistisch) als Spiel erklärt wird. Grundsatz 11: *Fiktionale Erzählliteratur ist Spielwerk – illusionistisch oder nichtillusionistisch.*

### 2

Illusionistisches Erzählen ist in der fiktionalen Erzählliteratur der gewöhnlichere Fall. Es gehört zur Konvention in der Praxis, beim Erzählen erfundener Geschichten so zu tun, als ob sie nicht erfunden wären, und jedenfalls für die Dauer der Lektüre die Illusion zu erzeugen, als ob es sich dabei um Wirkliches handelte. Es gehört zur Konvention in der Theorie, diese Spielregel immer wieder aufzudecken – sei es mit der Formel der »Als-ob-Struktur der Erzähldichtung« (Wolfdietrich Rasch),[119] sei es mit dem Begriff der »Ironie des Romandichters«, der »sich stelle, als tue er nichts dazu, als mache sich die Fabel von selbst«

119 Wolfdietrich Rasch, Zur Frage des epischen Präteritums, in: Wirkendes Wort, Sonderheft 3, 1961, S. 76.

(Friedrich Theodor Vischer).[120] Und es bestätigt die Spielregel noch oder gerade erst recht, wenn sie geleugnet wird – wie etwa bei Henry James, der offenbar im Ernst gemeint hat, daß ein Romanschriftsteller, der einräumt, er täte ja nur so »als ob«, und der zugibt, »daß die Ereignisse, die er erzählt, sich ja nicht wirklich zugetragen haben«, sich eines »Verrats an einem geheiligten Amte«, ja »eines schlimmen Verbrechens« schuldig mache (»a betrayal of a sacred office«, »a terrible crime«).[121]

## 3

Nichtillusionistisches Erzählen ist demgegenüber der seltenere Fall, dafür aber der realistischere und jedenfalls der für alle möglichen Arten von Fiktion maßstabsetzende: das Verfahren des Autors, das Spiel seiner Fiktion in allem Freimut als Spiel zu erklären und dabei sich selbst in aller Gelassenheit als Spieler zu erkennen zu geben.

Auf Beispiele für nichtillusionistisches Erzählen sind wir im Zusammenhang unseres 2. Grundsatzes unter dem Stichwort »Imaginationserzählung« bereits eingegangen. Es waren allerdings Imaginationserzählungen jeweils im Rahmen von illusionistischen Texten. Ganz deutlich im Fall von Siegfried Lenz' komplexer Erzählung »Die Phantasie«. Drei Schriftsteller erzählen hier aufgrund der Beobachtung von zwei Leuten, wie sie sich deren Vorgeschichte vorstellen, sie imaginieren diese Vorgeschichte, sie illusionieren nicht, daß das, was sie erzählen, tatsächlich sei, sie spielen nur durch, was sie sich vorstellen. Eben dies aber geschieht im Rahmen einer Illusionserzählung. Der Rahmen ist auf die Illusion angelegt, daß es die drei Schriftsteller ebenso wie das Paar, das sie beobachten, in Wirklichkeit gebe. Der Autor gibt nicht preis, daß er seinerseits sich die drei Schriftsteller und den Gegenstand ihrer Beobachtung nur vorstellt. Ähnlich ist es in Marie Luise Kaschnitz' Text »Der Tag X«. Die Autorin läßt eine Person imaginieren, wie sie sich den Tag X vorstellt, und sie macht deutlich, daß das Vorgestellte nur Vorstellung ist, aber sie spielt darüber hinweg, daß die Person, die

---

120 Friedrich Theodor Vischer, Aesthetik oder Wissenschaft des Schönen, München $^{2}$1923, Bd. 6, S. 179.

121 Henry James, The Art of Fiction, in: H. J., Selected Literary Criticism, ed. by Morris Shapira, Hammondsworth 1968, S. 80.

sie erzählen läßt, Frau Reiter, eine von ihr erfundene Person ist; sie tut so, als ob Frau Reiter eine wirkliche Person wäre.

Einen Schritt weiter geht Franz Hohler in seinem Text »Das Haustier«. Der Text beginnt mit einem typisch erzählungseinleitenden Satz, in den – nicht eben typisch, aber in Sachen fiktionaler Erzählliteratur auf decouvrierende Weise bezeichnend – eine Parenthese eingeschaltet ist. Es ist eine Parenthese, die gleichsam in nuce die Poetik der sogenannten Ich-Erzählung enthält. Der Anfangssatz lautet:

> Ich habe – ich schreibe ich, nicht weil ich mich meine, sondern weil ich nicht schreiben will, es war einmal jemand, der war so und so alt und so und so groß und hatte die und die Eigenschaften – ich habe ein Haustier.[122]

Der Satz ohne Parenthese ist illusionistisch, er illusioniert, daß es jemanden gibt, der von sich sagt, er habe ein Haustier (das listig sogenannte Haustier erweist sich übrigens im Lauf dieser musterhaft phantastischen Fiktion am Ende geradewegs als der Teufel). Die Parenthese ist demgegenüber offenbar desillusionierend. Sie desillusioniert jedenfalls das Ich-Erzählspiel in der Literatur. Der Autor gibt preis, daß er statt der Standard-Erzählung in dritter Person für seinen Text die Form der Ich-Erzählung gewählt hat. Ob es sich dabei um eine nur scheinbare oder um eine restlose Desillusionierung handelt, hängt davon ab, wie man die Formel »Es war einmal jemand« interpretiert. Versteht man sie in der Tradition des typischen Märcheneingangs, ist sie restlos desillusionierend: ein eindeutiges Fiktionssignal. Versteht man sie dagegen nur formal, ist sie nur scheinbar desillusionierend: sie signalisiert nur die Entscheidung des Autors bei der Wahl zwischen verschiedenen Erzählformen: statt der Erzählung in dritter Person wählt er die Ich-Erzählung; die Formel bewahrte dann den Illusionismus, daß es die Person, von der der Text handelt, in Wirklichkeit gebe.

Ganz unmißverständlich wäre die Desillusionierung erst, wenn der Formel »Es war einmal jemand« die Parenthese folgte: Ich schreibe »Es war einmal jemand«, nicht weil ich jemanden meine, den es einmal in Wirklichkeit gegeben hat, sondern weil ich nicht schreiben will »Ich imaginiere jemanden« oder »Ich stelle mir jemanden vor« oder »Stellen wir uns jemanden vor« – es war einmal jemand, der hatte ein Haustier.

---

122 Franz Hohler, Rand von Ostermundigen. Erzählungen, Darmstadt 1973, S. 45.

Diesen abermals weiteren Schritt geht Franz Hohler, um beim selben Autor zu bleiben, in mehreren seiner Bücher. Sein Roman »Der neue Berg« setzt romankonventionell illusionistisch ein: »An einem schönen Frühlingsnachmittag rannte ein Mann im blauen Trainingsanzug mit leichten Schritten durch den Wald. Die Sonne schien ...« Ein paar Seiten danach gibt der Autor dann aber sein Spiel als Spiel zu erkennen:

Es wird nun Zeit, diesem Mann einen Namen zu geben, und ich möchte ihn Steinmann nennen, Roland Steinmann. Sie wissen genausogut wie ich, daß es eine Frechheit ist, eine erfundene Person mit einem Namen auszurüsten und damit so zu tun, als gäbe es sie wirklich, aber ich möchte Ihnen eine längere Geschichte erzählen, die sich zwischen Menschen abspielt, und da sehe ich einfach nicht, wie ich ohne Namen auskomme ...[123]

Seinem Kinderbuch »Tschipo« stellt Hohler einen entsprechenden metafiktionalen Kommentar voran. Unter dem Titel »Zum Vorauslesen« heißt es hier:

Bevor ich jetzt richtig von diesem Tschipo, der eigentlich Philipp hieß, zu erzählen anfange, muß ich euch aber noch etwas sagen.

Was ich hier erzähle, ist alles nicht wahr. Ich habe es erfunden. Ob dieser Bub Tschipo oder Philipp geheißen hat, kann euch und mir also gleichgültig sein, weil es ja eine erfundene Geschichte ist.

Es gibt auch wahre Geschichten ...

Wie auch immer, eine solche Geschichte erzähle ich hier nicht, das möchte ich einfach noch gesagt haben. Meine Geschichte ist erfunden.[124]

Peter Blume, dessen Magisterarbeit ich diesen Hinweis verdanke, kommentiert bündig: »Der Abschnitt mündet in *die* metafiktionale Aussage par excellence, auf die im Grunde jeder metafiktionale Kommentar zu narrativen Texten zurückzuführen sein muß: ›Meine Geschichte ist erfunden.‹«[125]

---

123 Franz Hohler, Der neue Berg. Roman, Frankfurt/M. 1989, S. 11.
124 Franz Hohler, Tschipo (1978), Ravensburg 1996, S. 6.
125 Peter Blume, »Ich möchte Ihnen eine Geschichte erzählen ...« Kommunikative Aspekte moderner Erzählliteratur am Beispiel des literarischen Werks von Franz Hohler, Wuppertal 1997 (Wuppertaler Broschüren zur Allgemeinen Literaturwissenschaft Nr. 9), S. 34.

## 4

Es gibt virtuosere Beispiele aus der fiktionalen Erzählliteratur, in denen die Autoren den konventionellen Illusionismus unterlaufen und damit die Realität explizit machen, die dem Fiktionsschreiben generell zugrunde liegt. Sei es in Form der durchsichtigen Ironie – wie etwa bei Diderot in seinem Roman »Jacques le fataliste«:

> Es ist klar wie der Tag, daß ich keinen Roman schreibe, weil ich das außer acht lasse, was ein Romanschreiber zu nutzen gewiß nicht ermangeln würde. Wer es für wahr nimmt, was ich da schreibe, irrt vielleicht weniger, als wer es für ein Märchen hält.[126]

Oder sei es offen desillusionierend – wie etwa bei Milan Kundera in seinem Roman »Die unerträgliche Leichtigkeit des Seins«:

> Es wäre töricht, wenn ein Autor dem Leser einreden wollte, seine Personen hätten tatsächlich gelebt. Sie sind nicht aus einem Mutterleib geboren, sondern aus ein paar suggestiven Sätzen oder einer Schlüsselsituation. Tomas ist geboren aus der Redewendung ›Einmal ist keinmal‹, Teresa aus einem rumorenden Magen.[127]

In allen diesen Fällen dringt etwas davon an die Oberfläche, was allen Fiktionen zugrunde liegt: mit Stanzels treffendem Ausdruck zu sprechen, »der Konzeptionsmonolog des Autors«[128] als die Vorform für alle möglichen Realisierungen des Konzepts fiktionaler Texte in welchen Medien auch immer: ob im Medium der Erzählung oder in anderen Medien.

---

126 Übersetzung, Frankfurt/M. 1961, S. 17.
127 Milan Kundera, Die unerträgliche Leichtigkeit des Seins, Roman, München 1984, S. 41.
128 Franz K. Stanzel, Die typischen Erzählsituationen im Roman, Wien 1955, S. 142.

## 12. Standardtyp der Erzählliteratur ist die fiktionale, illusionistische, autor- und erzählerverleugnende, aliozentrische Autorerzählung in dritter Person

### 1

Die typologische Differenzierung von illusionistischer und nichtillusionistischer Erzählung innerhalb der fiktionalen Erzählliteratur spielt in der literaturwissenschaftlichen Erzähltheorie, soweit ich sehe, kaum eine Rolle. Meist konzentriert man sich, was typologische Differenzierungen betrifft, gleich auf die illusionistische fiktionale Erzählliteratur. Dabei wiederum ist es hauptsächlich die typologische Differenzierung nach dem Kriterium der grammatischen Person, in der die Erzählung verfaßt ist, worauf sich die meisten geeinigt haben: hier Erzählung in dritter Person oder Er-Erzählung, dort Erzählung in erster Person oder Ich-Erzählung.[129]

Es ist nicht zu leugnen, daß diese Typologie auf weite Strecken praktikabel ist. Ebensowenig aber ist zu leugnen, daß sie nicht umfassend ist; es gibt ja nun auch Erzählungen in zweiter Person oder auch in der unbestimmten Man-Form oder sogar geradewegs in Form des Infinitivs.[130]

Mein Vorschlag ist, den in den vorstehenden Grundsätzen geltend gemachten typologischen Unterscheidungen – fiktionale Erzählung und

---

129 Vgl. bes. die Revision früherer literaturwissenschaftlicher Erzähltheorien durch Jürgen H. Petersen: Kategorien des Erzählens sowie die Arbeiten der »Marburger Arbeitsgruppe Narrativik« – hier bes. Rudolf Freudenberg, Indem ich die Feder ergreife ..., in: Manfred Kohrt und Arne Wrobel (Hrsg.), Schreibprozesse – Schreibprodukte, Hildesheim 1992, S. 107.

130 Vgl. Barbara Korte, Das Du im Erzähltext. Kommunikationsorientierte Betrachtungen zu einer vielgebrauchten Form, in: Poetica 19, 1987, S. 168-189. – Beispiel für eine Man-Erzählung ist E.Y. Meyers Roman »In Trubschachen«, Frankfurt/M. 1973; Beispiel für eine (fast) reine Infinitiverzählung ist Franz Hohlers Text »Aufräumen«, in: F. H.: Die blaue Amsel, S. 7-17.

nichtfiktionale künstlerische Erzählung, Erzählung im engeren, weiteren und weitesten Sinn, illusionistische und nichtillusionistische Erzählung – noch zwei weitere Unterscheidungen hinzuzufügen und dann erst die Frage der grammatischen Person einzubeziehen. Stichworte für die zwei weiteren typologischen Unterscheidungen sind einerseits die Begriffe aliozentrische Erzählung und egozentrische Erzählung, andrerseits die Begriffe Autorerzählung und Rollenerzählung.[131]

## 2

Der Begriff »aliozentrisch« ist eine Prägung Heimito von Doderers in seinen Überlegungen zu »Grundlagen und Funktion des Romans«;[132] den Begriff »egozentrisch« in diesem Zusammenhang entnehme ich einer Formulierung Rudolf Hallers, mit der er eine der Stanzelschen Erzählweisen übersetzt hat.[133]

Aliozentrische Erzählung soll nichts weiter heißen als Erzählung von jemandem über andere; egozentrische Erzählung nichts weiter als Erzählung von jemandem über sich selbst. Beide Typen verstehen sich prinzipiell unabhängig von der grammatischen Person, in der die Erzählung verfaßt ist. Zwar wird man pauschal sagen können, daß aliozentrische Erzählungen meist in dritter Person und egozentrische Erzählungen meist in erster Person verfaßt sind, doch ist diese Gleichung nicht zwingend. Es gibt aliozentrische wie egozentrische Erzählungen auch in zweiter Person, und es gibt – vor allem – auch egozentrische Erzählungen in dritter Person. Im übrigen verstehen sich beide Typen prinzipiell nur als Idealtypen. Praktisch kommen beispielsweise egozentrisch angelegte Erzählungen kaum ohne aliozentrische Passagen aus.

---

131 Zu den Begriffen Autorerzählung und Rollenerzählung vgl. Dietrich Weber, Skizze zum Erzähler, in: Wirkendes Wort 41, 1991, S. 471-487. (Wiederabdruck in: D. W., Auctor in fabula und andere literaturwissenschaftliche Unterhaltungen, hrsg. von Ulrich Ernst, Wuppertal 1995, Wuppertaler Broschüren zur Allgemeinen Literaturwissenschaft Nr. 8.)

132 Heimito von Doderer, Grundlagen und Funktion des Romans (1959), in: H. v. D., Die Wiederkehr der Drachen, hrsg. von Wendelin Schmidt-Dengler, München 1970, S. 162: »aliozentrisches Sehen«.

133 Rudolf Haller, Facta und Ficta, Stuttgart 1986, S. 74: In Übersetzung der Stanzelschen Typen ist hier vom »Standpunkt eines auktorial, personal oder egozentrisch Erzählenden« die Rede.

## 3

Autorerzählung soll heißen Erzählung in Form der Rede des Autors selbst; Rollenerzählung soll heißen Erzählung in Form der Wiedergabe der Rede einer dritten Person durch den Autor. Auch diese Typen verstehen sich prinzipiell unabhängig von der grammatischen Person, und beide sind gleichermaßen als offen für die Kombination mit aliozentrischer wie egozentrischer Erzählung vorzustellen.

## 4

Mit Hilfe dieses Modells (einschließlich der vordem geltend gemachten Unterscheidungen) lassen sich die Texte, die man gewöhnlich abgekürzt Er-Erzählung und Ich-Erzählung nennt, genauer beschreiben und überdies eine ganze Reihe von Spezialitäten der Erzählliteratur überhaupt erst systematisch erfassen.

Das, was man gewöhnlich als Er-Erzählung in der fiktionalen Erzählliteratur bezeichnet, dürfte genauer zu beschreiben sein als

- aliozentrische
- Autorerzählung
- in dritter Person.

Das, was gewöhnlich Ich-Erzählung in der fiktionalen Erzählliteratur heißt, dürfte genauer zu beschreiben sein als

- egozentrische (oder genauer: meist teils egozentrische, teils aliozentrische)
- Rollenerzählung
- in erster Person.

Was die allerlei Spezialitäten betrifft, die mit Hilfe dieses Modells faßbar werden, mag ein Hinweis auf ein paar Beispiele aus der fiktionalen Erzählliteratur in Stichworten genügen:

- Erzählung vom Typ Dante, »Divina Commedia«: Autorerzählung in erster Person, teils egozentrisch, teils aliozentrisch;
- Erzählung vom Typ der Binnentexte in Boccaccios »Dekameron«: aliozentrische Rollenerzählung in dritter Person;
- Erzählung in der Art, wie Albert Camus in seinem Roman »Die Pest« verfährt, wenn er seinen – in dritter Person eingeführten – Helden

Dr. Bernard Rieux am Ende als Chronisten seiner Erzählung erweist: teils egozentrische, teils aliozentrische Rollenerzählung durchweg in dritter Person;

- Erzählung in Uwe Johnsons Roman »Jahrestage. Aus dem Leben von Gesine Cresspahl«: Rollenerzählung, teils egozentrisch, teils aliozentrisch, teils in erster, teils in dritter Person. (Dabei wird die Form der Rollenerzählung offenbar stark strapaziert; viele Passagen, in denen hier in dritter Person erzählt wird, lesen sich wie die konventionelle Autorerzählung.)[134]

## 5

Die aliozentrische Autorerzählung in dritter Person ist zweifellos der Standardtyp in der fiktionalen Erzählliteratur.[135] Dabei mag es für viele Mitstreiter in der literaturwissenschaftlichen Erzähltheorie anstößig sein, daß ich terminologisch auf den Begriff des Autors zurückgreife. Es besteht bekanntlich unter den Vertretern der literaturwissenschaftlichen Erzähltheorie (aber nicht unbedingt unter den praktizierenden Literaturwissenschaftlern) neuerdings weithin eine geradezu dogmatisch zu nennende Einigkeit, bei Überlegungen zur fiktionalen Erzählliteratur den Autor aus dem Spiel zu lassen und in dem Redesubjekt eines fiktionalen literarischen Erzählwerks grundsätzlich eine streng vom Autor zu un-

---

134 Das gilt zumal für Passagen, in denen Gesine Cresspahl von sich selbst in dritter Person spricht – wie etwa: »Cresspahls Tochter hatte wenig Sorgen. Cresspahl hatte am Tag der Luftwaffe in Jerichow-Nord einen Briefbeschwerer aus feindlichen Flugzeugteilen beiseite gebracht, bevor er zusammen mit anderer Beute versteigert wurde; nun hatte Gesine Cresspahl schon seit drei Wochen mehr Freunde als sonst in der Schule und mußte das Ding immer von neuem aus dem Tornister holen und zeigen« (Uwe Johnson, Jahrestage. Aus dem Leben von Gesine Cresspahl, Bd. 2, Frankfurt/M. 1971, S. 858).

135 Vgl. dazu Michel Butors lapidaren Satz: »Die naivste ursprünglichste Form ist das Erzählen in der dritten Person« (M. B., Der Gebrauch der Personalpronomen im Roman, in: M. B. Repertoire 2: Probleme des Romans, München 1965, S. 93). Auch Peter Bichsel: »In allen Kneipengeschichten, damals wie heute, gibt es die Ich-Erzählungen, meistens etwas aufschneiderisch. Viel häufiger dagegen sind Geschichten, die so anfangen: ›Ich kenne einen, der ...‹« (P. B., Der Leser. Das Erzählen, Darmstadt 1982, S. 21f.).

terscheidende fiktive Person oder Instanz (also in meiner Terminologie grundsätzlich einen Rollenerzähler) zu sehen.[136]

Mein Plädoyer für den Begriff Autorerzählung im Zusammenhang mit dem Standardtyp fiktionaler Erzählliteratur gründet sich aufs Elementare. Autorerzählung ist offenbar der unaufwendigste und ökonomischste Begriff zur Bezeichnung des einfachsten Falls fiktionaler Erzählliteratur: Erzählung von erfundenen Personen und Begebenheiten in Form der Rede des Autors, der sie erfunden hat. Es scheint mir nicht einleuchtend – worauf die gängige literaturwissenschaftliche Erzähltheorie, wenn man sie beim Wort nimmt, hinausläuft – grundsätzlich anzunehmen, daß jemand, der eine erfundene Geschichte erzählen will, vorher nicht nur Personen und Sachverhalte, sondern auch noch einen Erzähler erfunden haben müsse: also etwa nicht nur Tünnes und Schäl, sondern auch noch einen Erzähler, der dabei war oder der von einem gehört hat, der dabei war, als Tünnes und Schäl zusammenkamen. Fiktionale Erzählungen, in denen nicht nur das Erzählte, sondern auch der Erzähler fiktiv ist, gehören nicht mehr unter die Kategorie des denkbar einfachsten Falls, wie man ihn für den Standardfall geltend machen muß.

Hinzufügen muß man allerdings, daß dasjenige, was als Standardtyp fiktionaler Erzählliteratur anzusehen ist, weiterhin dadurch charakterisiert ist, daß der Autor sich in seinem Text soweit wie möglich verbirgt: daß er nicht auf sich selbst als Autor aufmerksam macht – geschweige auf sich selbst als Erfinder oder Spieler – und daß er darüber

---

136 Vgl. dazu besonders die Formulierung von Rudolf Freudenberg, einem der Vertreter der »Marburger Arbeitsgruppe Narrativik«, nach der fiktionale Erzählungen »ausnahmslos« nicht auf den Autor, sondern auf einen vom Autor geschaffenen »fiktiven Erzähler« »zurückverweisen« (s. Indem ich die Feder ergreife ..., S. 106). Ähnlich formuliert Ansgar Nünning (Grundzüge eines kommunikationstheoretischen Modells der erzählerischen Vermittlung. Die Funktion der Erzählinstanz in den Romanen George Eliots, Trier 1989, S. 14), »... die klare Unterscheidung zwischen realem Autor und fiktivem Erzähler« finde sich »inzwischen in allen neueren deutschen und angelsächsischen Arbeiten ...« – und weist in den Fußnoten auf sechzehn Gewährsleute hin. – Reserven demgegenüber sind nur vereinzelt; vgl. etwa – in bezug auf mittelalterliche Literatur – Matthias Meyer, *Sô dunke ich mich ein werltgot.* Überlegungen zum Verhältnis Autor – Erzähler – Fiktion im späten Artusroman, in: Volker Mertens u.a. (Hrsg.), Fiktionalität im Artusroman, Tübingen 1993, S. 185-202, bes. S. 186.

hinaus, soweit wie möglich, nicht einmal auf sich selbst als Erzähler aufmerksam macht. Es versteht sich dies im Sinn des Illusionismus. Es ist gleichsam nur Illusionismus ersten Grades, wenn der Autor alles daran setzt, den Schein zu erzeugen, als ob es sich bei dem von ihm Erzählten um Wirkliches handele. Illusionismus zweiten Grades ist es, den Schein zu erzeugen, als ob er überhaupt nicht erzähle – was am Ende auf den perfekt illusionistischen Effekt hinauslaufen kann, als erzähle die Geschichte sich selbst.

Grundsatz 12: *Standardtyp der Erzählliteratur ist die fiktionale, illusionistische, autor- und erzählerverleugnende, aliozentrische Autorerzählung in dritter Person.*

## 6

Varianten in bezug auf den Standardtyp kann man insbesondere nach dem Kriterium annehmen, ob der Autor sich ganz aufs Erzählen konzentriert oder ob er Kommentare hinzufügt. Wo das letztere der Fall ist, kann man wiederum unterscheiden, ob es sich dabei um Kommentare innerhalb des Spiels oder um über das Spiel hinausgehende Kommentare handelt – spielinterne oder spielexterne Kommentare, um es in der Terminologie des Dramas zu sagen.[137]

Noch innerhalb des Spiels liegt beispielsweise der Kommentar, wenn es in Heimito von Doderers Kürzestgeschichte »Das vergrabene Pfund« nach erzählter Geschichte bewertend zu dem Heldenpaar heißt: »Und haben's gut gemacht!« Über das Spiel hinaus führt dann die verallgemeinernde Begründung: »Denn wir alle wissen's doch im innersten Gemute, daß jene, die's zu was gebracht haben und aus denen was geworden ist, allermeist zu den schlichthin Widerlichen gehören, damit's endlich einmal ganz klipp und klar gesagt sei.«[138]

Der Autor geht hier – wie immer ironisch – zwanglos von fiktionaler zu nichtfiktionaler Kommunikation mit dem Leser über. Es ist dies ein ebenso traditionelles Verfahren, wie umgekehrt fiktionale Erzählungen oft mit nichtfiktionalen Reflexionen einsetzen und dann erst – nicht weniger zwanglos – in fiktionale Rede übergehen. Musterhaftes Bei-

---

137 Manfred Pfister: Das Drama, S. 109ff.

138 Heimito von Doderer, Die Erzählungen, hrsg. von Wendelin Schmidt-Dengler, München 1972, S. 333f.

spiel vom selben Autor ist der Beginn des Romans »Ein Mord den jeder begeht«:

> Jeder bekommt seine Kindheit über den Kopf gestülpt wie einen Eimer. Später erst zeigt sich, was darin war. Aber ein ganzes Leben lang rinnt das an uns herunter, da mag einer die Kleider oder auch Kostüme wechseln wie er will.[139]

Es besteht kein Anlaß, diese Reflexion schon der Fiktion zuzuschlagen und in ihrem Sprecher jemand anderen zu sehen als den Autor, etwa einen »fiktiven Erzähler« oder – mit Stanzel – den »auktorialen Erzähler«, der nach Stanzel eine fiktive Gestalt ist. Der Autor kommuniziert hier vorerst sozusagen direkt mit dem Leser, im Ernst der Alltagskommunikation. Erst mit dem zweiten Absatz beginnt die Fiktion – aber auch dies noch auf eine Weise, ohne daß man sagen müßte, der Autor wechsle hier den Sprecher, er lasse von nun an einen von ihm erfundenen Erzähler sprechen. Was wechselt, ist lediglich die Sprechweise. Der Autor geht von nichtfiktionaler (ernsthafter) Rede zu fiktionaler (spielerischer) Rede über:

> Der Mann, dessen Leben hier erzählt werden soll – sein Fall hat innerhalb der deutschen Grenzen und noch darüber hinaus einige Neugier erregt, als hintennach die Sachen genauer bekannt wurden – dürfte fast einen Beleg dafür abgeben, daß man des bewußten Eimers Inhalt nimmer abzuwaschen vermag.

Kriterium für diese Variante der fiktionalen Autorerzählung ist die Konvention der direkten Kommunikation des Fiktionsschreibers mit dem Leser: die stillschweigende Übereinkunft, daß der Autor als Roman- oder Novellenschreiber seine Freiheit, im Haupttext fiktional zu schreiben, mit seiner Freiheit, im Nebentext auch nichtfiktional schreiben zu können, verbindet.[140]

Im übrigen versteht es sich, daß nichtfiktionale Autorkommentare in Form von allgemeinen Reflexionen – am Anfang oder am Ende oder als Einsprengsel – in insgesamt fiktionalen Texten den Illusionismus

---

139 Heimito von Doderer, Ein Mord den jeder begeht. Roman (1938), München 1958, S. 5.

140 Die Begriffe »Haupttext« und »Nebentext« verstehen sich in dem Sinn, wie Roman Ingarden sie in seinem Buch »Das literarische Kunstwerk« (Tübingen $^{2}$1960) in bezug auf das Drama geprägt hat: Haupttext als der Text, in dem die dem Text zugrunde liegende Geschichte dargestellt wird, Nebentext als kommentierende Zutat.

der fiktional erzählten Geschichte nicht antasten; man kann vielmehr sagen, daß sie ihn geradezu noch vertiefen.

## 7

Ihrerseits weitgehend standardisiert ist in der fiktionalen Erzählliteratur die egozentrische (genauer: meist teils egozentrische, teils aliozentrische) Rollenerzählung in erster Person, also das, was gewöhnlich mit der Abkürzung Ich-Erzählung gemeint ist.

Varianten in diesem Bereich werden in der Literaturwissenschaft nach mehreren Kriterien unterschieden. Eines davon ist das Kriterium, ob die erzählende Person (Rollenerzähler, Ich-Erzähler) zugleich die Hauptperson der erzählten Geschichte ist oder ob sie darin nur eine Nebenrolle spielt (Termini nach Stanzel: autobiographischer und peripherer Ich-Erzähler). Die erstere Variante (Erzähler als Held) ist mehr an dem Modell der Autobiographie orientiert, die letztere (Erzähler als Nebenheld) mehr an dem Modell der Memoiren.

Ein anderes Kriterium betrifft die Differenz, ob die erzählende Person mehr aus dem Rückblick oder mehr aus der Perspektive des Erlebens erzählt (gängige Termini: retrospektive oder erlebnisperspektivische Ich-Erzählung).

Weitere Varianten zeichnen sich danach ab, in welchem Grad die erzählende Person als Persönlichkeit konkretisiert ist. Eines der Extreme in dieser Hinsicht bezeichnet Stanzels charakteristischer Ausdruck »Ich-Erzähler mit Leib«.

Auf das Kriterium, ob die erzählende Person als schreibende oder als mündlich sprechende angelegt ist oder auch, ob dies unbestimmt gelassen wird, wurde oben in Grundsatz 5 bereits hingewiesen.

Hinzuzufügen ist noch ein weiteres Kriterium, nach dem sich innerhalb des Bereichs der fiktionalen Rollenerzählung (bzw. Ich-Erzählung) in der Literatur differenzieren läßt: das Kriterium, ob es sich um explizit vom Autor eingeführte oder um einführungslose Erzählung handelt.

Einfachste Beispiele der eingeführten Rollenerzählung bieten solche Fälle der fiktionalen Rahmenerzählung, in denen der Autor im Rahmenteil eine von ihm erfundene Person vorstellt und sie dann im Binnenteil erzählen läßt – wie etwa Jeremias Gotthelf in seiner Novelle »Die schwarze Spinne« (i. w. aliozentrisch) oder Guy de Maupassant in der ersten Fassung seines »Horla« (egozentrisch). Dabei kann es sein, daß sich die Vermittlung durch den Autor lediglich in einer Inquit-Formel als Rahmenaussage bemerkbar macht. Ein Beispiel ist André Maurois' Kurzgeschichte »Das Haus« mit dem Beginn: »Als ich krank war vor zwei Jahren, erzählte sie, ...«;[141] die Parenthese ist die einzige direkt auf den Autor zurückzubeziehende Stelle in diesem Text.

Die Variante der einführungslosen Rollenerzählung – ohne Explikation des Autors als Vermittler – ist in der fiktionalen Erzählliteratur offenbar erst in jüngster Zeit zur Konvention geworden. Repräsentativ dafür sind vor allem viele Fälle aus der neueren Kurzgeschichtenliteratur, in der die Autoren ihre Spielfiguren gern unvermittelt (genauer: ohne Explikation der Vermittlung durch den Autor) sprechen lassen. So selbstverständlich das heutzutage anmuten mag, muß man sich doch vergegenwärtigen, daß es ein extrem künstliches Verfahren ist.[142]

Ein schönes Beispiel für den Übergang zu dieser Form ist Maupassants Novelle »Der Horla« (1886). Die erste Fassung ist noch eine klassische Rahmenerzählung. Der Autor stellt seinen Helden zusammen mit einigen Wissenschaftlern vor und läßt ihn dann seine Geschichte (halb Krankheitsgeschichte, halb dämonologische Geschichte) in diesem Kreis mündlich erzählen. Die zweite Fassung besteht dagegen aus einer einführungslosen Tagebuchnovelle: Der Autor läßt hier, ohne sich selbst als Vermittler geltend zu machen, seinen Helden in Form von schriftlichen Aufzeichnungen Schritt für Schritt die Stationen seiner Geschichte (nicht eigentlich erzählen, sondern nur:) registrieren.

## 8

Die klarsten Fälle des Typs der fiktionalen Rollenerzählung sind sicherlich gegeben, wenn der Autor eigens erklärt, daß er eine dritte Person erzählen läßt, und wenn die erzählende Person einen eigenen Namen hat: Moll Flanders oder Felix Krull, Ludwig Anatol Stiller oder Gesine Cresspahl. Beide Bedingungen bleiben allerdings in fiktionaler Erzählliteratur (zumal in neuerer Zeit) nicht selten unerfüllt: Der Text gibt sich im Extremfall lediglich als Erzähltext in Ich-Form – ohne ein-

---

141 Vgl. den Wiederabdruck in: Dietrich Weber (Hrsg.), Gespenstergeschichten, Stuttgart 1989, S. 82-84.

142 Zum Konstitutiven der Einführung in der Erzählliteratur vgl. Thomas Gahlen, Über den Buch- und Werkeingang. Literaturwissenschaftliche Untersuchungen aus gattungstheoretischer Perspektive, Diss. Wuppertal, Schwelm 1990.

leitende Erklärung des Autors und ohne namentliche Identifizierung der erzählenden Person.

In Korrespondenz mit dem seinerseits auf das Minimalste reduzierten Standardtyp fiktionaler Erzählliteratur (Erzähltext lediglich in dritter Person – ohne jegliche Explikation des Autors) hat dies in der literaturwissenschaftlichen Erzähltheorie offenbar vielfach dazu geführt, die typologische Differenzierung zwischen Er-Erzählung und Ich-Erzählung als eine dichotomische Differenzierung von als gleichwertig oder gleichrangig gedachten, einander nur nebengeordneten Typen aufzufassen. Ich möchte deshalb eigens betonen, daß ich die hier vorgeschlagene Unterscheidung zwischen fiktionaler Autorerzählung und fiktionaler Rollenerzählung kategorial als hierarchische Unterscheidung verstehe. Autorerzählung ist eine primäre Erscheinung, Rollenerzählung eine sekundäre. Der Unterschied beruht letztlich auf dem Unterschied von Sprechen und Sprechenlassen. So oder so geht es um einen Akt des Autors, wobei nur zu differenzieren ist, ob der Autor das Spiel in der Hand behält und selber (stillschweigend oder erklärtermaßen) als Spieler redet, oder ob der Autor das Spiel spielerisch aus der Hand gibt und eine seiner Spielfiguren reden läßt.

## 9

Der wichtigste Unterschied zwischen Autorerzählung und Rollenerzählung in der fiktionalen Literatur besteht traditionell in der Freiheit zum Divinatorischen und der Beschränkung aufs Empirische. Der Rollenerzähler (vorausgesetzt, daß der Autor ihn nicht seinerseits mit divinatorischen Fähigkeiten begabt hat) ist darauf angewiesen, nur das erzählen zu können, was er selbst erfahren oder von anderen aus ihrer Erfahrung überliefert bekommen hat. Innere Vorgänge dritter Personen sind ihm verschlossen, er kann darüber allenfalls Vermutungen anstellen.[143] Der Autorerzähler in der fiktionalen Literatur ist demgegenüber frei, er ist per definitionem allwissend, er kann unbeanstandet von inneren Vorgängen dritter Personen berichten. Stanzel hat allerdings mit Recht differenzierend darauf aufmerksam gemacht, daß die Erzähler (die Autorerzähler) in der fiktionalen Erzählliteratur keineswegs im-

143 Vgl. bes. Friedrich Wilhelm Zimmermanns (Episches Präteritum, episches Ich und epische Normalform) Katalog von Restriktionen der Ich-Erzählung.

mer (er meint sogar, nur selten) von ihrer divinatorischen Potenz zur Allwissenheit Gebrauch machen.[144] Oft beschränken sie sich aufs Empirische und geben sich in der Fiktion lediglich als Überlieferer mit Berufung auf Zeugen. Immerhin aber bleibt gegenüber der Rollenerzählung der Unterschied, daß die Autorerzähler tun können, was die Rollenerzähler tun müssen.

## 10

Bilanz zu den Grundsätzen 8 bis 12:

Erzählliteratur ist nach den bisherigen Ausführungen (umständlich genug, dafür aber hoffentlich genau gesagt) grundlegend durch sieben Aspekte spezifiziert:

- (1) als Schrifttext
- (2) als künstlerischer Text – fiktional oder auf andere Art künstlerisch
- (3) als Erzähltext – Erzählung im strukturellen oder im buchhändlerischen Sinn
- (4) wenn fiktional: als nichtillusionistisch oder illusionistisch
- (5) als Text in Form der Autorrede oder der Rollenrede
- (6) als aliozentrisch oder egozentrisch
- (7) als Text in dritter oder erster oder zweiter Person oder in unbestimmter grammatischer Form.

## 11

Anzumerken bleibt, daß die genannten Aspekte der Erzählliteratur nicht in jedem Fall deskriptiv erfaßbar sind. Das gilt vor allem für den zweiten und den fünften Aspekt. So wie es (zweiter Aspekt) von Fall zu Fall eine Frage der Interpretation ist, ob eine literarische Erzählung als fiktional oder als nichtfiktional zu verstehen ist (vgl. Grundsatz 9), so unterliegt es oftmals auch der Interpretation, ob eine fiktionale literari-

---

144 Vgl. Franz K. Stanzel: Theorie des Erzählens, S. 170f.

sche Erzählung (fünfter Aspekt) angemessen als Autorerzählung oder als Rollenerzählung aufzufassen ist.[145]

Ein probates Mittel zur Unterscheidung von fiktionaler Autorerzählung und fiktionaler Rollenerzählung ist es, sich zu vergegenwärtigen, wie wohl der Autor, wenn man ihn im Gespräch über seinen Text vor sich hätte, aus seinem Text zitieren würde: ob er sagen würde: »Ich sage da spielerisch in meinem Text ...«, oder ob er sagen würde: »Ich lasse da in meinem Text meine als Erzähler fungierende Spielfigur sagen ...«.

Leicht zurechtkommen sollte man auf diese Weise etwa mit dem ansonst erzähltechnisch kniffligen Anfangssatz von Flauberts Roman »Madame Bovary«. Aufs Ganze gesehen fällt Flauberts Roman unter den Begriff des Standards in der fiktionalen Erzählliteratur: illusionistische aliozentrische Autorerzählung in dritter Person. Der Anfangssatz (und nur dieser) ist allerdings ein Satz in erster Person mit einem »wir« aus der geschilderten Situation: »Wir waren eben im Lehrzimmer, als der Vizedirektor des Instituts eintrat und einen neuen Zögling hereinführte ...« Es dürfte unproblematisch sein, zu erklären, hier gebe sich der Autor – im Sinn der fiktionalen Autorerzählung – für eine Weile und ganz am Rand spielerisch als einen der Mitschüler Charles Bovarys aus; es dürfte jedenfalls abwegig sein, im Sinn der fiktionalen Rollenerzählung anzunehmen, hier zeige der Autor an, daß er die (fiktive) Geschichte von Charles und weiterhin Emma Bovary durch einen (fiktiven) Mitschüler Charles Bovarys vermitteln lasse.

Ähnlich ist es in Uwe Johnsons Roman »Zwei Ansichten«. Der Roman ist im ganzen erzählliterarischer Standard (illusionistisch, aliozentrisch – in zwei Strängen –, Autorerzählung, in dritter Person), er enthält aber in den beiden Schlußkapiteln zwei kleine Stellen in erster Person. Das eine Mal heißt es zum Ende der Geschichte des B.: »Ich habe ihn aufheben helfen und bin mit dem heulenden Krankenwagen zur Unfallstation gefahren.« Das andere Mal heißt es zum Abschluß der Geschichte der D.: »Später nahm sie mir ein Versprechen ab. – Aber das müssen Sie alles erfinden, was Sie schreiben! sagte sie. Es ist er-

145 Vgl. auch, daß Stanzel (Theorie des Erzählens, S. 28) die Bestimmung dessen, was er in Abgrenzung zum Autor den »auktorialen Erzähler« nennt, ausdrücklich als eine Interpretationsfrage ansieht.

funden.«[146] Es wäre unökonomisch anzunehmen, hier lasse der Autor Uwe Johnson eine von ihm selbst zu unterscheidende Chronistenfigur sprechen, die dann auch direkt für den ganzen Romanbericht verantwortlich sei; es genügt zu sagen, hier bringe sich der Autor mit einem kleinen Selbstporträt spielerisch in seine Fiktion ein.

Umgekehrt ist es in der – in diesen Grundsätzen bereits mehrfach herangezogenen – Erzählung »Die Phantasie« von Siegfried Lenz, was ihren Rahmenteil betrifft. Er ist – ohne nähere Kennzeichnung des Erzählenden – in erster Person geschrieben, so daß sich prinzipiell die Frage stellt, ob man es mit Rede des Autors im Spiel oder mit Rede einer Spielfigur zu tun hat. Aufgrund des Kontexts ist es aber sicherlich richtig, die erstere Möglichkeit auszuschließen. Es geht im ganzen unter dem Titelstichwort »Die Phantasie« um drei verschiedene erzählerische Ausdeutungen einer Situation durch drei verschiedene, prinzipiell gleichrangige Schriftstellertypen, die Siegfried Lenz sich vorstellt. Es wäre nicht richtig, dem einen von ihnen, nur weil ihm zugleich die Funktion übertragen ist, die Rahmensituation in Ich-Form zu vermitteln, einen höheren Rang zuzuschreiben und seine Version etwa als die dem Schriftsteller Siegfried Lenz nächstliegende aufzufassen.

## 12

Anzumerken bleibt allerdings auch, daß die Frage, ob man es mit fiktionaler Autorerzählung oder fiktionaler Rollenerzählung zu tun hat, nicht ganz so wichtig ist wie die Frage, ob es sich um nichtfiktionale oder fiktionale Erzählung handelt. Im letzteren Fall verläuft die Grenze zwischen Ernst und Spiel, im ersteren Fall nur zwischen zwei verschiedenen Spielen. Es geht sozusagen nur darum, ob der Autor einfach spielerisch oder doppelt spielerisch verfährt: einfach spielerisch, indem er selbst das Subjekt der Rede spielt, doppelt spielerisch, indem er eine Spielfigur zum Subjekt der Rede macht. So oder so geht es schließlich nur darum, wie der Autor die von ihm gestaltete spielerische Rede verantwortet: direkt oder indirekt.

---

146 Uwe Johnson, Zwei Ansichten, Frankfurt/M. 1965, S. 239 und 242.

## 13. Minimalterminus für das Redesubjekt in der Erzählliteratur ist Sprecher des Texts

### 1

Die Ursituation des Erzählens, so haben wir in Grundsatz 5 Wolfgang Kayser zitiert, besteht aus dreierlei:

- »daß ein Vorgängliches da ist, das erzählt wird«,
- »daß ein Publikum da ist, dem erzählt wird«,
- »und daß ein Erzähler da ist, der zwischen beiden gewissermaßen vermittelt«.

Wir haben, als wir dies zitiert haben, bereits angedeutet, daß man es bei der Erzählliteratur nun ja nicht einfach mit der Ursituation des Erzählens zu tun hat. Die Ursituation der Erzählliteratur, wenn man so sagen darf, oder die Realität der Erzählliteratur ist um einiges komplizierter. Sie impliziert, um es in den Bahnen von Kaysers Formel und in Verrechnung unserer bisherigen Grundsätze zu sagen:

- daß ein Autor da ist, der einen Text schreibt, der von Vorgänglichem handelt,
- daß ein Lesepublikum von ihm gedacht ist, für das er seinen Text schreibt,
- daß der Text ein künstlerischer Text ist (fiktional oder auf andere Art künstlerisch),
- und daß der Text ein Erzähltext ist – sei es ein Text regelrecht in Form der Erzählung, in der jemand jemandem etwas erzählt, sei es ein Text aus dem Bereich der Erzählliteratur im weiteren oder weitesten Sinn.

Angesichts dieser Sachlage fällt es schwer, zur Bezeichnung des Redesubjekts in der Erzählliteratur pauschal, wie es in der literaturwissenschaftlichen Erzähltheorie nahezu ausschließlich der Fall ist, mit dem Begriff Erzähler zu arbeiten. Es ist vielmehr offenbar so, daß man hier mannigfach differenzieren muß.

## 2

Hilfreich für die Differenzierung scheint es mir zu sein, wenn man von den zwei personellen Positionen ausgeht, die als feste Größen in bezug auf jedweden schriftlichen Text geltend zu machen sind: von der Person dessen, der den Text schreibt, dem Autor des Texts, und von derjenigen Person, aus deren Rede der Text besteht, dem – um den neutralsten eingebürgerten Ausdruck zu benutzen – Sprecher des Texts.

Um Mißverständnissen vorzubeugen, möchte ich gleich hinzufügen, daß damit prinzipiell zwei Möglichkeiten einkalkuliert sind: der Fall der Identität und der Fall der Nichtidentität von Autor und Sprecher des Texts. Anzumerken ist dies vor allem deshalb, weil es in der literaturwissenschaftlichen Erzähltheorie weithin der Brauch ist, in bezug jedenfalls auf fiktionale Erzählliteratur allein die letztere Möglichkeit anzunehmen – Stichwort: grundsätzliche Nichtidentität von Autor und Erzähler in fiktionaler Erzählliteratur.

Angebracht erscheint es mir weiterhin, um einer der Sache angemessenen Redeweise willen, die allfällige Spezifizierung des Terminus Sprecher des Texts, soweit wie möglich, in Abstimmung auf den je vorliegenden Texttypus aus dem Bereich der Erzählliteratur vorzunehmen. Nach den vorstehenden Grundsätzen sind es hauptsächlich drei Bündel von Texttypen, die hier in Betracht kommen.

## 3

Die erste Gruppe bildet das, was wir als Erzählliteratur im engeren Sinn bezeichnet haben: künstlerische Schrifttexte in Form der Erzählung im strukturellen Sinn. Hier ist es unbedenklich, den Sprecher des Texts durchweg mit dem Terminus Erzähler zu spezifizieren – in dem Maß, wie eine regelrechte Erzählung einen regelrechten Erzähler impliziert.

Bei näherer Betrachtung kann man hauptsächlich folgende Fälle unterscheiden:

- Fall 1: Identität des Erzählers mit dem Autor im Regelfall nichtfiktionaler Erzählliteratur.
- Fall 2 als Sonderfall in nichtfiktionaler Erzählliteratur: Identität des Erzählers mit einer gegenüber dem Autor dritten wirklichen Person.

(Ein charakteristisches Beispiel dafür ist Reiner Kunzes Text »Schießbefehl« aus den »Wunderbaren Jahren«.)[147]

- Fall 3: Identität des Erzählers mit dem Autor in fiktionaler Erzählliteratur – aufgeschlüsselt: Rede des Autors im Spiel als Erzähler.
- Fall 4: Identität des Erzählers mit einer vom Autor erfundenen dritten Person in fiktionaler Erzählliteratur – aufgeschlüsselt: Rede einer Spielfigur als Erzähler.

Weitere Differenzierungen bieten sich an nach den Typen und ihren Varianten, die wir in Grundsatz 5 unterschieden haben – Stichworte: Schreib-Lese-Text und Sprech-Hör-Text. Besonders zu betonen ist, daß der Begriff des Erzählers in seiner sinnlichen Bedeutung erst ganz ausgeschöpft ist, wo Erzählliteratur als Sprech-Hör-Text angelegt ist – sei es rhetorisch oder mimetisch: rhetorisch insbesondere, wenn der erzählende Autor so schreibt, als sei er mit seinen Lesern im Gespräch; mimetisch insbesondere, wenn der Autor eine Figur mündlich erzählen läßt (vgl. Grundsatz 5, Abschnitt 6).

## 4

Problematisch ist die nähere Spezifizierung des Sprechers in der zweiten Gruppe: Erzählliteratur im weiteren Sinn, unter die wir solche künstlerischen (meist fiktionalen) Schrifttexte subsumiert haben, die lediglich in Anlehnung an die Struktur der Erzählung verfaßt sind.

Ich erinnere an die in diesem Zusammenhang besprochene Kurzgeschichte »Ja, mein Engel« von Marie Luise Kaschnitz. Es befriedigt nicht, wenn man die Person, deren Rede hier dargestellt wird, als Erzählerin bezeichnet. Ihre Rede ist zwar für eine lange Strecke des Texts, aber doch nicht insgesamt als erzählend anzusehen. Aufs Ganze dieses ungemein artifiziellen Texts gesehen, verbleibt zur Bezeichnung seines Redesubjekts lediglich der dürre Terminus Sprecherin des Texts. Grundsatz 13: *Minimalterminus für das Redesubjekt in der Erzählliteratur ist Sprecher des Texts.*

---

147 Vgl. Dietrich Weber: Skizze zum Erzähler, S. 475f.

## 5

Relativ unproblematisch in bezug auf die angemessene Bezeichnung des Sprechers des Texts ist die dritte Gruppe: fiktionale Erzählliteratur im weitesten Sinn. Bei den hier gebündelten Texten sind die Sprecher in aller Regel nicht als Erzähler zu bezeichnen – in dem Maß, wie es sich hier um Texte handelt, die nicht oder nicht spezifisch erzählend strukturiert sind. Terminologisch zu spezifizieren sind die Sprecher hier am angemessensten nach den Termini der jeweiligen Medien, die die Autoren dabei in Dienst nehmen. Wo man bequem von (fiktiven) Tagebuchschreibern, (fiktiven) Briefschreibern oder (fiktiven) Rednern sprechen kann, braucht man nicht mit dem Begriff Erzähler in das diesbezügliche Wespennest zu stechen.

## 6

Bilanz zum 13. Grundsatz:
- Der Terminus Erzähler als Bezeichnung des Redesubjekts in der Erzählliteratur ist nicht in allen Fällen sachgerecht.
- Der Begriff Erzähler erfüllt sich erst ganz, wo es sich um (rhetorisch stilisierte oder mimetische) Sprech-Hör-Texte in Form der Erzählung handelt.
- Von Fall zu Fall ist es unproblematisch, in bezug auf das Redesubjekt vom Autor oder Erzähler zu sprechen.
- Von Fall zu Fall empfehlen sich konkretere Bezeichnungen – wie Tagebuchschreiber (Diarist), Briefschreiber, Redner.
- Von Fall zu Fall ist auf Formulierungen auszuweichen wie Held, Protagonist, Chronist, Berichterstatter.
- Wo nichts zur Konkretisierung hilft, verbleibt als Minimalterminus: Sprecher des Texts.

## 14. Fiktionale Erzählliteratur besteht in der Regel nicht nur aus Fiktion

### 1

In den vorstehenden Grundsätzen wurde gelegentlich geltend gemacht, daß fiktionale Erzählungen in der Literatur immer wieder auch nichtfiktionale Bestandteile enthalten können. Die Rede war von nichtfiktionalen Bestandteilen in Form metafiktionaler Kommentare und allgemeiner Reflexionen. Nachzutragen ist, daß es in der Praxis fiktionaler Erzählung in der Literatur noch weitere nichtfiktionale Bestandteile gibt, und daß es sie nicht nur in der fiktionalen Autorerzählung, sondern auch in der fiktionalen Rollenerzählung gibt. Zu denken ist hauptsächlich an nichtfiktionale Lokalschilderungen, nichtfiktionale Bezugnahmen auf historische Ereignisse und Persönlichkeiten oder nichtfiktionale Zitate von Autoritäten innerhalb von insgesamt als fiktional zu bezeichnenden literarischen Texten. Es versteht sich beispielsweise, daß man, wenn man in einem Roman liest »Goethe schreibt einmal an Schiller ...«,[148] prima vista nicht damit rechnet, daß Goethe und Schiller hier fiktive Personen sein könnten und daß das folgende Zitat ein nichtauthentisches, spielerisch vom Romancier erfundenes Zitat sein könnte. Grundsatz 14 also: *Fiktionale Erzählliteratur besteht in der Regel nicht nur aus Fiktion.*[149]

---

148 Heimito von Doderer, Roman No 7/I: Die Wasserfälle von Slunj, S. 99f.

149 John R. Searle (Der logische Status fiktionalen Diskurses) formuliert entsprechend: »Die meisten fiktionalen Geschichten enthalten nicht-fiktionale Bestandteile« (S. 94). Besonders elegant sagt es Friedrich Wilhelm Zimmermann (Episches Präteritum, episches Ich und epische Normalform, S. 317): »Die Fiktivitätsgrenze verläuft keineswegs säuberlich zwischen der ›wirklichen Welt‹ des Autors und der ›fiktiven Welt‹ seines Erzählwerks, sondern schlängelt sich schwer feststellbar mitten durchs Erzählwerk. Nicht nur gehen Tatsachen genereller Natur (»Ein Mensch geht auf zwei Beinen und kann nicht fliegen«; »Wenn die Sonne aufgeht, ist es Morgen«) in *alle* Erzählwerke und Tatsachen partikulär-historischer Natur (»Napoleon war ein französischer General, später Kaiser«) in *viele* als Voraussetzungen ein, darüber hinaus können wahre Sätze beliebiger Anzahl im Erzählwerk vorkommen.«

## 2

Kriterium für die Bestimmung nichtfiktionaler Teile innerhalb eines fiktionalen Ganzen ist der Grad der Komplexität der Kommunikation des Autors mit dem Leser: die Frage, ob und wieweit der Autor eines fiktionalen Texts, über den Appell an das Mitspiel des Lesers mit seinem Spiel hinaus, partienweise an das reale Leserwissen außerhalb des Spiels appelliert.

In Umberto Ecos »Lector in fabula« gibt es dafür den treffenden Ausdruck »Enzyklopädie des Lesers«. Wenn ein Roman etwa, so eines von Ecos Beispielen, mit dem Satz beginnt: »Giovanni ging nach Paris«, so wird die reale Enzyklopädie des Lesers aufgerufen, in der Paris als Hauptstadt Frankreichs verzeichnet ist. Wenn der Roman dann aber fortfährt: »in Paris angekommen, nahm sich Giovanni sogleich eine Wohnung im dritten Stock des Eiffelturms«, wird der Leser zu dem Schluß kommen, daß der Roman offenbar »die Wirklichkeit nicht genau ›widerspiegele‹«, sondern »von einem etwas seltsamen Universum spreche, in dem es zwar wie in dem unsrigen ein Paris gebe, aber einen anders gearteten Eiffelturm«.[150] Die reale Enzyklopädie des Lesers wird damit außer Kurs gesetzt. Aber, wie man hinzufügen kann, nur bis auf weiteres: bis auf das nächste allfällige Stichwort, mit dem sie wieder aufgerufen wird.

## 3

In diesem Sinn wird man – trotz der Bedenken mancher Ästhetiker – realistischerweise von nichtfiktionalen Passagen in der fiktionalen Literatur sprechen, wenn Boccaccio sein »Dekameron« mit der Schilderung der Pest in Florenz im Jahr 1348 einleitet, oder wenn Balzac im »Père Goriot«, ehe er zu der erfundenen Geschichte seines Titelhelden kommt, in weit ausgreifender Weise ein Bild von Paris im ersten Drittel des 19. Jahrhunderts vermittelt, oder wenn Fontane seinen Roman »Irrungen, Wirrungen« nicht gleich im Spiel, sondern als Berliner Chronist eröffnet: »An dem Schnittpunkte von Kurfürstendamm und Kurfürstenstraße, schräg gegenüber dem ›Zoologischen‹, befand sich in der

---

150 Umberto Eco, Lector in fabula, München 1990, S. 160f.

Mitte der siebziger Jahre noch eine große, feldeinwärts sich erstreckende Gärtnerei ...«[151]

Die Bedenken aus ästhetischer Sicht berufen sich darauf, daß das literarische Kunstwerk nicht nur ein Gebilde für sich sei, sondern auch eine eigene Welt für sich darstelle. Ihnen ist entgegenzuhalten, daß das, was auf den reinen Fall in der Theorie zutreffen mag, auf die komplexen Fälle in der Praxis nicht immer zutrifft. Es gibt immer wieder Autoren, die die poetische Freiheit, die man ihnen zubilligt, nicht ausschöpfen, sondern bei ihren Entwürfen eigener Welten partiell penibel die »leidigen Tatsachen« (Bernd Seiler) der wirklichen Welt berücksichtigen und sie auch auf seiten des Lesers als Tatsachen jenseits der Fiktion berücksichtigt wissen wollen.[152]

## 4

Nichtfiktionale Teile innerhalb eines fiktionalen Ganzen sind typologisch im Fall der fiktionalen Autorerzählung leicht faßbar. Der Autor, der die Rede führt, wechselt nur von Fall zu Fall zwischen fiktionaler und nichtfiktionaler Kommunikation. Komplizierter ist es dagegen im Fall der fiktionalen Rollenerzählung.

Fiktionale Rollenrede ist, wie dargelegt, prinzipiell dadurch als fiktional bestimmt, daß sie Rede einer erfundenen Person ist: Spielfigurenrede. Zugleich gilt dabei für den Normalfall, daß die Rede einer Spielfigur aus ihrer Sicht nichtfiktional ist; sie ist – unter dem Vorzeichen der Fiktivität des Redesubjekts – Rede nach den Regeln der Alltagskommunikation. Ausnahme ist nur der (komplizierte und seltene) Fall, daß ein Dichter einen erfundenen Dichter dichterisch sprechen läßt –

151 Zum nichtfiktionalen Charakter einer Äußerung vgl. bes. die vierte von Searles Regeln zur Alltagskommunikation: »Die Ernsthaftigkeitsregel: Der Sprecher legt sich auf die Überzeugung fest, daß die zum Ausdruck gebrachte Proposition wahr ist.« (Searle: Der logische Status fiktionalen Diskurses, S. 84) Vgl. auch Gottfried Gabriels Definition nichtfiktionaler Rede als behauptender Rede im Unterschied zu fiktionaler Rede als »derjenigen nicht-behauptenden Rede, die keinen Anspruch auf Referenzialisierbarkeit oder auf Erfülltheit erhebt« (G. G., Fiktion und Wahrheit. Eine semantische Theorie der Literatur, Stuttgart 1975, S. 28).

152 Vgl. dazu grundlegend Bernd W. Seiler, Die leidigen Tatsachen. Von den Grenzen der Wahrscheinlichkeit in der deutschen Literatur seit dem 18. Jahrhundert, Stuttgart 1983.

so etwa, wie Siegfried Lenz es in seiner »Phantasie« mit den Imaginationserzählungen seiner drei Schriftstellerfiguren tut.

Der Fall, um den es uns hier geht, ist entsprechend nur umständlich zu beschreiben: Es geht um Teile innerhalb des Ganzen einer fiktionalen Rollenerzählung, in denen es sich nicht nur um Nichtfiktionales im Sinn des fiktiven Rollenerzählers handelt, sondern zugleich um Nichtfiktionales im Sinn des Autors: im Sinn der Kommunikation des Autors mit dem Leser über den Kopf des Rollenerzählers hinweg. Umständliche Formulierung des Redetypus: fiktionale Rollenrede mit nichtfiktionalem Inhalt oder – andersherum – inhaltlich nichtfiktionale Rede in Form der fiktionalen Rollenrede.

Umständliche Formulierung, einfaches Beispiel: Felix Krull bei der Schilderung seiner Herkunft aus dem Rheingau. Unter dem Vorzeichen der Fiktion des ganzen Romans spricht Felix Krull aus seiner Sicht nichtfiktional, wenn er schreibt (besser: wenn der Ironiker Thomas Mann ihn gleichsam in Parodie der Hochstapelei bombastisch schreiben läßt): »Der Rheingau hat mich hervorgebracht.« Nicht nur aus Felix Krulls Sicht, sondern auch aus der Sicht des Autors in seiner Kommunikation mit dem Leser über den Kopf Felix Krulls hinweg handelt es sich dann aber um Nichtfiktion bei der anschließenden Lokalschilderung – mit Ausnahme nur des Relativsatzes, in dem Felix Krull auf seine Geburt in der im Roman nicht beim Namen genannten Stadt Eltville zu sprechen kommt:

Hier blühen, vom Rheingaugebirge vor rauhen Winden bewahrt und der Mittagssonne glücklich hingebreitet, jene berühmten Siedlungen, bei deren Namensklange dem Zecher das Herz lacht, hier Rauenthal, Johannisberg, Rüdesheim, und hier auch das ehrwürdige Städtchen, in dem ich, wenige Jahre nur nach der glorreichen Gründung des Deutschen Reiches, das Licht der Welt erblickte. Ein wenig westlich des Knies gelegen, welches der Rhein bei Mainz beschreibt, und berühmt durch seine Schaumweinfabrikation, ist es Hauptanlegeplatz der den Strom hinauf und hinab eilenden Dampfer und zählt gegen viertausend Einwohner. Das lustige Mainz war also sehr nahe und ebenso die vornehmen Taunusbäder, als: Wiesbaden, Homburg, Langenschwalbach und Schlangenbad ...[153]

---

153 Thomas Mann: Bekenntnisse des Hochstaplers Felix Krull, Gesammelte Werke in Einzelbänden, hrsg. von Peter de Mendelssohn, Frankfurt/M. 1985, S. 8f.

## 5

Jedenfalls ist Nichtfiktionales im fiktionalen Ganzen zu berücksichtigen, wo Romanciers sich in ihren Romanen zugleich als Geschichtsschreiber verstehen. Charakteristische Beispiele sind Heimito von Doderers Wiener Romane »Die Strudlhofstiege« und »Die Dämonen«, die für gute Strecken auch als eine Art Baedeker für Wien lesbar sind – mag es sich dabei auch nur um die allereinfachste Lesart handeln. Es versteht sich dann bei einschlägigen Wien-Schilderungen, daß es nicht darauf ankommt, welcher besonderen Sprechsituation sie zuzuordnen sind: ob sie geradewegs im Modus der Autorrede gehalten sind, oder ob sie durch fiktive Personen vermittelt sind – etwa durch den fiktiven Chronisten der »Dämonen«, Georg von Geyrenhoff, oder durch fiktive Akteure wie etwa die Hauptfigur der »Strudlhofstiege«, Melzer. So oder so wird innerhalb des Romans partienweise immer wieder an die reale Enzyklopädie appelliert.

## 6

Es entspricht wesentlich der Methode dieser Schrift, solche Fälle grundsätzlich zu nehmen. Sie repräsentieren die reichere Möglichkeit. Dabei versteht sich der 14. Grundsatz – Fiktionale Erzählliteratur besteht in der Regel nicht nur aus Fiktion – in Analogie zum 7. Grundsatz: Erzählung besteht in der Regel nicht nur aus Erzählen. Von der reicheren Möglichkeit her kann man immer bequem herunterrechnen, wenn man es mit reinen Fällen zu tun hat: Erzählung rein aus Erzählen, fiktionale Erzählung rein aus Fiktion. Und man kann die reinen Fälle dann auch besser einschätzen: als besonders künstliche Fälle, als Verzichtsfälle.

## 15. Erzählliteratur umfaßt erzählerische und schriftstellerische Kunst

### 1

In Grundsatz 8 haben wir uns dafür entschieden, als Bezeichnung für den Gegenstandsbereich der literaturwissenschaftlichen Erzähltheorie den Begriff Erzählliteratur zu wählen. Mit dieser Wahl haben wir wohl oder übel zugleich eine Entscheidung über die Frage der Hierarchie der beiden Bestandteile des Begriffs getroffen: Es geht primär um Literatur, sekundär erst um Erzählung. Vom Standpunkt der Literaturwissenschaft aus gesehen, ist dies nur logisch und realistisch. In der Literaturwissenschaft haben wir es ja nun definitionsgemäß mit Literatur zu tun, mit geschriebenen Texten, mit Schriftwerken. Untergeordnet ist demgegenüber die Frage, mit welcher Art von Schriftwerken, untergeordnet also auch, wenn es sich um Erzählwerke handelt. Bei aller Logik, bei aller Realistik bleibt allerdings ein Unbehagen, wenn man so argumentiert. Man wird damit offenbar nicht aller Erzählliteratur gleichermaßen gerecht. Die Argumentation läßt unberücksichtigt, daß es der Erzählliteratur von Fall zu Fall nur äußerlich sein kann, daß sie Schriftwerk ist. Bei aller Notwendigkeit, Schriftwerk zu sein, ist es möglich, daß sie wesentlich Erzählwerk ist.

Ganz plastisch kann man sich das Problem vor Augen führen, wenn man sich auf die Autoren von Erzählliteratur bezieht, die »Erzählliteraten«. Sie sind notwendigerweise Literaten, aber es kann sein, daß sie sich in erster Linie nicht als Literaten, sondern als Erzähler verstehen: daß sie ihr Geschäft nicht so sehr in der Literatur, als vielmehr – bei aller Literatur – in der Kunst des Erzählens sehen.

In Ventilierung dieses Problems scheint es mir zweckmäßig, grundlegend zwischen erzählerischer und schriftstellerischer Kunst zu unterscheiden. Erzählerische Kunst, der das Schriftstellerische nur äußerlich ist; schriftstellerische Kunst, der das Erzählerische nur äußerlich ist. Grundsatz 15: *Erzählliteratur umfaßt erzählerische und schriftstellerische Kunst.*

## 2

Pointiert ist damit die kategoriale Differenz zwischen dem Inbegriff des Erzähltexts und dem Inbegriff des literarischen Texts, die in der Literaturwissenschaft gewöhnlich nicht beachtet wird.[154] Der Inbegriff des Erzähltexts ist dadurch charakterisiert, daß er genuin mündlich ist und dann auch schriftlich sein kann. Zum Inbegriff des literarischen Texts gehört, daß er genuin schriftlich und weiterhin schriftstellerisch ist und dabei auch das Medium des Erzählens nutzen kann. Es ist unübersehbar, daß die erzählenden Schriftsteller sich in ihren Werken bald an dem einen, bald an dem anderen Modell oder von Fall zu Fall mehr oder weniger an einem der beiden Modelle orientieren. Entsprechend pointiert kann man einerseits von mehr erzählerischer, andrerseits von mehr schriftstellerischer Erzählliteratur sprechen.

## 3

Beispiel in nuce für die Verwendung beider Modelle fast zeitgleich nebeneinander ist das Frühwerk in Kurzprosa von Siegfried Lenz. Musterhaft erzählerische Erzählliteratur präsentiert seine Sammlung volkstümlicher masurischer Geschichten »So zärtlich war Suleyken« (1955); musterhaft schriftstellerische Erzählliteratur bietet seine – insbesondere an Hemingway geschulte – Kurzgeschichtensammlung »Jäger des Spotts. Geschichten aus dieser Zeit« (1958).

---

154 Einer der wenigen, die auf dieses Problem aufmerksam machen und es kritisch reflektieren, ist Hans-Heino Ewers. In dem von ihm herausgegebenen Band »Kindliches Erzählen – Erzählen für Kinder«, Weinheim 1991, heißt es: »Innerhalb der Literaturwissenschaft ist es Usus, die Untersuchung der Darstellungsformen des Romans auch als ›Erzählforschung‹ zu bezeichnen. Es gilt dabei nicht zu vergessen, daß die ›Erzählforschung‹ es mit einem von Grund aus anders gearteten Gegenstand zu tun hat. Von der Alltagserzählung über die mündlich oder schriftlich tradierten Geschichten der lokalen, regionalen oder nationalen Folklore bis hin zu den literarischen und dann auch kinderliterarischen Geschichten haben wir es mit einem in seinen Grundelementen kohärenten Gegenstandsbereich zu tun, dem sich der Roman als ein Anderes gegenüberstellt, so sehr er in seinen Anfängen auch eine Nähe zum Geschichtenerzählen zu wahren bemüht war« (S. 9). Vgl. auch S. 100. (Hinweis meines Mitarbeiters Peter Blume.)

Das eine Mal ist es Schriftwerk in Form des »natürlichen«, auf das Hören oder das Vorlesen in geselliger Runde angelegten Erzählens, in Nachahmung des Kolloquialen der Alltagserzählung und der Face-to-face-Kommunikation, mit Koch/Oesterreicher zu sprechen: »Sprache der Nähe«.[155] Anschauliches Beispiel ist gleich der Anfang der ersten Geschichte »Der Leseteufel«: »Hamilkar Schaß, mein Großvater, ein Herrchen von, sagen wir mal, einundsiebzig Jahren, hatte sich gerade das Lesen beigebracht, als die Sache losging. Die Sache: darunter ist zu verstehen ...«

Das andere Mal geht es um Schriftwerk in Form des »künstlichen«, artifiziell um alles Kolloquiale reduzierten, allein auf das stille und einsame Augenlesen angelegten erzählenden Schreibens, in Konzentration gleichsam nur auf den Film der erzählten Ereignisse ohne Sich-geltend-machen des Vermittelnden und der Vermittlung nach dem – prinzipiell dem Drama verpflichteten – Ideal etwa, das James Joyce auf die vielzitierte Formel gebracht hat: »The artist, like the god of the creation, remains within or behind or beyond or above his handiwork, invisible, refined out of existence, indifferent, paring his fingernails.«[156] Um auch hier mit Koch/Oesterreicher zu sprechen: »Sprache der Distanz«. Beispiel der Anfang von Lenz' Kurzgeschichte »Die Flut ist pünktlich«: »Zuerst sah er ihren Mann. Er sah ihn allein heraustreten aus dem flachen, schilfgedeckten Haus hinter dem Deich, den Riesen mit dem traurigen Gesicht ...«

## 4

Die neuere literaturwissenschaftliche Erzähltheorie hat den ersten Typus gewürdigt unter dem allerdings mißlichen Begriff des »auktorialen Erzählens«. Mißlich insofern, als das, was damit an spezifischer Erzählweise gemeint ist, unabhängig davon ist, ob nun der Autor selbst erzählt (worauf das Adjektiv »auktorial« hinweist) oder ob der Autor eine von ihm erfundene Person erzählen läßt. Genette hat dementspre-

155 Peter Koch und Wulf Oesterreicher, Sprache der Nähe – Sprache der Distanz. Mündlichkeit und Schriftlichkeit im Spannungsfeld von Sprachtheorie und Sprachgeschichte, in: Romanistisches Jahrbuch 36, 1985, S. 15-43.

156 James Joyce, A Portrait of the Artist as a Young Man (1924), London 1994, S. 226.

chend mit gutem Grund empfohlen, das Wort »auktorial« in entsprechenden Zusammenhängen durch den – gegenüber der Identität des Erzählers neutralen – Ausdruck »narratorial« zu ersetzen.[157] Narratio narratorialis und narratio non narratorialis ist es in der Tat in genauerer Terminologie, was als mehr erzählerische und mehr schriftstellerische Erzählliteratur zu unterscheiden ist.

Was die Grundtendenz der Theoriebildung in der neueren literaturwissenschaftlichen Erzähltheorie betrifft, ist allerdings zu sagen, daß sie den Weg gegangen ist, sich eher an der schriftstellerischen als an der erzählerischen Erzählliteratur zu orientieren: eher am spezifisch literarischen Werk als am spezifischen Erzählwerk – am literarischen, aus seinen kommunikativen Bezügen gelöst gedachten Werk als einem Gebilde für sich. Favoriten der Theorie wurden dementsprechend das rein »episch-fiktionale« Erzählen, aus dem der Erzähler (angeblich) »verschwunden« ist (Käte Hamburger) oder das (angeblich) »erzählerlose Erzählen« (Doležel) oder das »personale« Erzählen, dessen Redesubjekt nicht mehr recht als Erzähler, sondern als eine Art »Reflektor« zu beschreiben sei (Stanzel). Weiterhin gehört es hierher, daß literarische Kommunikation generell in vielen neueren Theorien, auch in bezug auf Erzählliteratur, nicht so sehr als Kommunikation zwischen Autor und Leser, sondern als Kommunikation zwischen Text und Leser gesehen wird. Eine Erklärung für diese Schwerpunktsetzung mag es nicht zuletzt sein, daß Literaturwissenschaftler sozusagen berufsbedingt mehr Sinn für Literatur haben als fürs Erzählen.

Natürlich ist gegen eine solche Profilierung der literaturwissenschaftlichen Erzähltheorie prinzipiell nichts einzuwenden. Man muß sich nur bewußt sein, daß es die Profilierung einer Seite der Sache ist, die eine andere Seite hat.

## 5

Bilanz zu den Grundsätzen 8 bis 15:

Erzählliteratur ist

- künstlerisches Schriftwerk (8)
- bald mehr erzählerischer, bald mehr schriftstellerischer Kunst (15),

---

157 Vgl. Gérard Genette: Die Erzählung, S. 272. Ausdruck »narratorial« von Roy Pascal.

- fiktional oder auf andere Art künstlerisch (9),
- wenn fiktional, dann nichtillusionistisch oder illusionistisch (11),
- so oder so in der Regel mit Einschluß von Nichtfiktionalem (14),
- in Form der Erzählung im strukturellen Sinn oder in Anlehnung an die Erzählung oder in Nachbarschaft zur Erzählung (10),
- in direkt (als Autorrede) oder indirekt (als Rollenrede) vom Autor verantworteter Rede (12,13).

# Literatur zur Erzählliteratur


Aristoteles: Poetik. Griechisch/Deutsch, übers. u. hrsg. von Manfred Fuhrmann, Stuttgart 1982.

Bal, Mieke: Narratology. Introduction to the Theory of Narrative, Toronto 1985.

Beaugrande, Robert-Alain de/Dressler, Wolfgang: Einführung in die Textlinguistik, Tübingen 1981.

Benjamin, Walter: Der Erzähler. Betrachtungen zum Werk Nikolai Lesskows, in: ders., Illuminationen, Frankfurt/M. 1961, S. 409-436.

Bichsel, Peter: Der Leser. Das Erzählen, Darmstadt 1982.

Bienek, Horst: Werkstattgespräche mit Schriftstellern (1962), München 1965.

Bluhm, Harald: »Der Erzähler im lauschenden Hörerkreis«. Studien zur Schreibweise Arno Schmidts, Magisterarbeit (Typoskript), Wuppertal 1996.

Blume, Peter: »Ich möchte Ihnen eine Geschichte erzählen ...« Kommunikative Aspekte moderner Erzählliteratur am Beispiel des literarischen Werks von Franz Hohler, Wuppertal 1997 (Wuppertaler Broschüren zur Allgemeinen Literaturwissenschaft Nr. 9).

Bonheim, Helmut: Theory of narrative modes, in: Semiotica 14, 1975, S. 329-344.

Booth, Wayne C.: Die Rhetorik der Erzählkunst (1961), 2 Bde., Heidelberg 1974.

Bühler, Karl: Sprachtheorie, Jena 1934.

Butor, Michel: Der Gebrauch der Personalpronomen im Roman, in: ders., Repertoire 2: Probleme des Romans, München 1965.

Chatman, Seymour: Coming to Terms. The Rhetoric of Narrative in Fiction and Film, Ithaca (NY), London 1990.

Cohn, Dorrit: Erlebte Rede im Ich-Roman, in: Germanisch-Romanische Monatsschrift NF 16, 1969, S. 305- 313.

Corkhill, Alan: Monologisches Erzählen am Beispiel deutscher Kurzprosa seit 1945, in: Colloquia Germanica 20, 1987, S. 184-202.

Doderer, Heimito von: Grundlagen und Funktion des Romans (1959), in: ders., Die Wiederkehr der Drachen, hrsg. von Wendelin Schmidt-Dengler, München 1970.

Doležel, Lubomír: Die Typologie des Erzählers (1967), in: Bruno Hillebrand (Hrsg.), Zur Struktur des Romans, Darmstadt 1978, S. 370-387.

Eco, Umberto: Lector in fabula, München 1990.

Ehlich, Konrad (Hrsg.): Erzählen im Alltag, Frankfurt/M. 1980.
Engel, Johann Jakob: Über Handlung, Gespräch und Erzählung (1774), hrsg. von Ernst Theodor Voß, Stuttgart 1964.
Ernst, Ulrich: Typen des experimentellen Romans in der europäischen und amerikanischen Gegenwartsliteratur, in: Arcadia 27, 1992, S. 225-320.
Ewers, Hans-Heino (Hrsg.): Kindliches Erzählen – Erzählen für Kinder, Weinheim 1991.
Forster, E. M.: Ansichten des Romans (1927, dt. zuerst 1949), Frankfurt/M. 1962.
Freudenberg, Rudolf: Indem ich die Feder ergreife ..., in: Manfred Kohrt und Arne Wrobel (Hrsg.), Schreibprozesse – Schreibprodukte, Hildesheim 1992, S. 105-162.
Freytag, Gustav: Die Technik des Dramas (1863), Leipzig [12]1912.
Fricke, Harald: Norm und Abweichung. Eine Philosophie der Literatur, München 1981.
Friedemann, Käte: Die Rolle des Erzählers in der Epik, Berlin 1910.
Friedman, Norman: Erzählperspektive im Roman: Die Entwicklung eines kritischen Konzeptes (1955), in: Bruno Hillebrand (Hrsg.), Zur Struktur des Romans, Darmstadt 1978, S. 141-176.
Füger, Wilhelm: Zur Tiefenstruktur des Narrativen. Prolegomena zu einer generativen ›Grammatik‹ des Erzählens, in: Poetica 5, 1972, S. 268-292.
Gabriel, Gottfried: Fiktion und Wahrheit. Eine semantische Theorie der Literatur, Stuttgart 1975.
Gahlen, Thomas: Über den Buch- und Werkeingang. Literaturwissenschaftliche Untersuchungen aus gattungstheoretischer Perspektive, Diss. Wuppertal, Schwelm 1990.
Genette, Gérard: Die Erzählung (1972/1983), München 1994.
Goethe, Johann Wolfgang und Schiller, Friedrich: Über epische und dramatische Dichtung (1797), in: Goethes Werke, Weimarer Ausgabe I, 41. Bd., 2. Abt.
Goetsch, Paul: Fingierte Mündlichkeit in der Erzählkunst entwickelter Schriftkulturen, in: Poetica 17, 1985, S. 202-218.
Goodman, Nelson: Weisen der Welterzeugung (1978), Frankfurt/M. 1995.
Grillparzer, Franz: Über den gegenwärtigen Zustand der dramatischen Kunst in Deutschland (1834), in: ders. Sämtliche Werke, hrsg. von Peter Frank u.a., Bd. 3, Darmstadt 1964.
Gülich, Elisabeth: Ansätze zu einer kommunikationsorientierten Erzähltextanalyse (am Beispiel mündlicher und schriftlicher Erzähltexte), in: Wolfgang Haubrichs (Hrsg.), Erzählforschung, Bd. 1, Göttingen 1976 (Beiheft 4 der Zeitschrift für Literaturwissenschaft und Linguistik), S. 224-256.
Haller, Rudolf: Facta und Ficta, Stuttgart 1986.

Hamburger, Käte: Das epische Präteritum, in: DVjs. 27, 1953, S. 329-357.
Hamburger, Käte: Die Logik der Dichtung (1957), Stuttgart ²1968.
Hamburger, Käte: Zum Strukturproblem der epischen und dramatischen Dichtung, in: DVjs. 25, 1951, S. 1-26.
Hannes, Rainer: Erzähler und Erzählen im Hörspiel, Marburg 1990.
Harweg, Roland: Präsuppositionen und Redekonstruktion. Zur Erzählsituation in Thomas Manns »Tristan« aus textlinguistischer Sicht, in: Michael Schekker u. Peter Wunderli (Hrsg.), Textgrammatik, Tübingen 1975, S. 166-185.
Ingarden, Roman: Das literarische Kunstwerk, Tübingen ²1960.
James, Henry: The Art of Fiction, in: ders., Selected Literary Criticism, ed. by Morris Shapira, Hammondsworth 1968.
Janik, Dieter: Die Kommunikationsstruktur des Erzählwerks, Bebenhausen 1973.
Juhl, Peter D.: Zur Interpretation eines literarischen Werkes und ihrer Begrenzung durch die Anschauungen seines Autors, in: LiLi 3, 1973, S. 37-52.
Kasics, Kaspar: Literatur und Fiktion, Heidelberg 1990.
Kayser, Wolfgang: Das sprachliche Kunstwerk, Bern ¹⁸1978.
Kayser, Wolfgang: Wer erzählt den Roman?, in: ders., Die Vortragsreise, Bern 1958, S. 82-101.
Koch, Peter und Oesterreicher, Wulf: Sprache der Nähe – Sprache der Distanz. Mündlichkeit und Schriftlichkeit im Spannungsfeld von Sprachtheorie und Sprachgeschichte, in: Romanistisches Jahrbuch 36, 1985, S. 15-43.
Korte, Barbara: Das Du im Erzähltext. Kommunikationsorientierte Betrachtungen zu einer vielgebrauchten Form, in: Poetica 19, 1987, S. 168-189.
Kreuzer, Helmut: Veränderungen des Literaturbegriffs, Göttingen 1975.
Labov, William und Waletzky, Joshua: Erzählanalyse: Mündliche Versionen persönlicher Erfahrung (1967), in: Jens Ihwe (Hrsg.), Literaturwissenschaft und Linguistik, Bd. 2, Frankfurt/M. 1973, S. 78-126.
Lämmert, Eberhard: Bauformen des Erzählens, Stuttgart 1955.
Lamping, Dieter: Die fiktionale Sterbegeschichte, in: Von der Wachstafel zum Tonbandgerät. Für Jürgen Born zum 60. Geburtstag, Wuppertal 1987 (Wuppertaler Broschüren zur Allgemeinen Literaturwissenschaft Nr. 1), S. 71-99.
Lodge, David: Die Kunst des Erzählens (1992), Zürich 1993.
Lubbock, Percy: The Craft of Fiction, New York 1947.
Ludwig, Otto: Formen der Erzählung, in: ders., Romane und Romanstudien, hrsg. v. William Lillyman, München 1977, S. 654-657.
Ludwig, Otto: Gesammelte Schriften, hrsg. von Adolf Stern, Bd. 6, Studien, 2. Bd., Leipzig 1891.
Meyer, Herman: Von der Freiheit des Erzählers, in: Festgabe für L. L. Hammerich, Kopenhagen 1962, S. 181-190.

Meyer, Matthias: *Sô dunke ich mich ein werltgot*. Überlegungen zum Verhältnis Autor – Erzähler – Fiktion im späten Artusroman, in: Volker Mertens u.a. (Hrsg.), Fiktionalität im Artusroman, Tübingen 1993, S. 185-202.
Neureuter, Hans Peter: Zur Theorie der Anekdote, in: Jahrbuch des Freien deutschen Hochstifts 1973, S. 458-480.
Nischik, Reingard M.: Einsträngigkeit und Mehrsträngigkeit der Handlungsführung in literarischen Texten. Dargestellt insbesondere an englischen, amerikanischen und kanadischen Romanen des 20. Jahrhunderts, Tübingen 1981.
Nünning, Ansgar: Grundzüge eines kommunikationstheoretischen Modells der erzählerischen Vermittlung. Die Funktion der Erzählinstanz in den Romanen George Eliots, Trier 1989.
Ong, Walter J.: Oralität und Literalität (1982), Opladen 1987.
Petersen, Jürgen H.: Erzählsysteme. Eine Poetik epischer Texte, Stuttgart 1993.
Petersen, Jürgen H.: Kategorien des Erzählens, in: Poetica 9, 1977, S. 167-195.
Pfister, Manfred: Das Drama, München 1977.
Rasch, Wolfdietrich: Zur Frage des epischen Präteritums, in: Wirkendes Wort, Sonderheft 3, 1961, S. 68-81.
Rauh, Gisa: Linguistische Beschreibung deiktischer Komplexität in narrativen Texten, Tübingen 1978.
Rauh, Gisa: Tempus und Erzähltheorie, in: W. Hüllen u. R. Schulze (Hrsg.), Tempus, Zeit und Text, Heidelberg 1985, S. 63-81.
Reichel, Edward: Der Roman und das Geschichtenerzählen. Ihre Kongruenz und Diskrepanz in der Romanforschung (1890–1970), in: DVjs. 52, 1978, S. 296-345.
Roßbach, Bruno: Spiegelungen eines Bewußtseins. Der Erzähler in Thomas Manns »Tristan«, Marburg 1989.
Schabert, Ina: The Authorial Mind and the Question of Gender, in: Telling Stories. Studies in Honour of Ulrich Broich on the Occasion of his 60th Birthday, ed. by Elmar Lehmann and Bernd Lenz, Amsterdam 1992, S. 312-328.
Schmid, Wolf: Der semiotische Status der narrativen Ebenen »Geschehen«, »Geschichte«, »Erzählung« und »Präsentation der Erzählung«, in: Klaus Oehler (Hrsg.), Zeichen und Realität, Tübingen 1984, S. 477-486.
Schütze, Fritz: Zur soziologischen und linguistischen Analyse von Erzählungen, in: Internationales Jahrbuch für Wissens- und Religionssoziologie 10, 1976, S. 7-41.
Searle, John R.: Der logische Status fiktionalen Diskurses (1975), in: ders., Ausdruck und Bedeutung, Frankfurt/M. 1982, S. 80-97.
Seiler, Bernd W.: Die leidigen Tatsachen. Von den Grenzen der Wahrscheinlichkeit in der deutschen Literatur seit dem 18. Jahrhundert, Stuttgart 1983.

Spielhagen, Friedrich: Beiträge zur Theorie und Technik des Romans, Leipzig 1883.
Stanzel, Franz K.: Die typischen Erzählsituationen im Roman, Wien 1955.
Stanzel, Franz K.: Theorie des Erzählens, Göttingen ²1982.
Stanzel, Franz K.: Typische Formen des Romans, Göttingen 1964.
Steinberg, Günter: Erlebte Rede. Ihre Eigenart und ihre Formen in neuerer deutscher, französischer und englischer Erzählliteratur, Göppingen 1971.
Stempel, Wolf-Dieter: Zur Frage der narrativen Identität konversationeller Erzählungen, in: Eberhard Lämmert (Hrsg.), Erzählforschung, Stuttgart 1982, S. 7-32.
Stierle, Karlheinz: Geschehen, Geschichte, Text der Geschichte, in: Reinhart Koselleck u. Wolf-Dieter Stempel (Hrsg.), Geschichte – Ereignis und Erzählung, München 1973, S. 530-534.
Storz, Gerhard: Über den ›Monologue intérieur‹ oder die ›Erlebte Rede‹, in: Der Deutschunterricht 7, 1955, S. 41-53.
Todorov, Tzvetan: Die Kategorien der literarischen Erzählung (1966), in: Heinz Blumensath (Hrsg.), Strukturalismus in der Literaturwissenschaft, Köln 1972, S. 263-294.
Vischer, Friedrich Theodor: Aesthetik oder Wissenschaft des Schönen, München ²1923.
Voßkamp, Wilhelm: Dialogische Vergegenwärtigung beim Schreiben und Lesen. Zur Poetik des Briefromans im 18. Jahrhundert, in: DVjs. 45, 1971, S. 80-116.
Weber, Dietrich: Auctor in fabula. Doderer, Stangeler, Schlaggenberg, Geyrenhoff, Döblinger, Doderer, in: ders., Auctor in fabula und andere literaturwissenschaftliche Unterhaltungen, hrsg. von Ulrich Ernst, Wuppertal 1995 (Wuppertaler Broschüren zur Allgemeinen Literaturwissenschaft Nr. 8), S. 227-247.
Weber, Dietrich: Der Geschichtenerzählspieler. Ein Begreifbuch von höheren und niederen Erzählsachen, Wuppertal 1989 (Wuppertaler Broschüren zur Allgemeinen Literaturwissenschaft Nr. 3).
Weber, Dietrich: Kleine Logik der Gespenstergeschichte, in: ders. (Hrsg.), Gespenstergeschichten, Stuttgart 1989.
Weber, Dietrich: Skizze zum Erzähler, in: Wirkendes Wort 41, 1991, S. 471-487.
Weber, Dietrich: Theorie der analytischen Erzählung, München 1975.
Weimar, Klaus u.a. (Hrsg.): Reallexikon der deutschen Literaturwissenschaft, Bd. 1, Berlin 1997.
Weimar, Klaus: Enzyklopädie der Literaturwissenschaft, München 1980.
Weimar, Klaus: Kritische Bemerkungen zur ›Logik der Dichtung‹, in: DVjs. 48, 1974, S. 10-24.
Weinrich, Harald: Tempus. Erzählte und besprochene Welt, Stuttgart 1964.

Weinrich, Harald: Textgrammatik der deutschen Sprache, Mannheim 1993.
Werlich, Egon: Typologie der Texte. Entwurf eines textlinguistischen Modells zur Grundlegung einer Textgrammatik, Heidelberg 1975.
Zenke, Jürgen: Die deutsche Monologerzählung im 20. Jahrhundert, Köln 1976.
Zimmermann, Friedrich Wilhelm: Episches Präteritum, episches Ich und epische Normalform, in: Poetica 4, 1971, S. 306-324.
Zymner, Rüdiger: Uneigentlichkeit. Studien zur Semantik und Geschichte der Parabel, Paderborn 1991.

# Namenregister

# Sachregister

Ich danke allen denen, die mir bei der Erarbeitung und Abfassung dieser Schrift geholfen haben: erstlich den Wuppertaler Studierenden der Allgemeinen Literaturwissenschaft etlicher Semester, die in einschlägigen Lehrveranstaltungen die Geduld mit mir nicht verloren haben; vorzüglich meinen langjährigen Mitarbeitern, die mir mit Rat und Tat zur Seite gestanden haben; namentlich Peter Blume M.A., der die Arbeit bis zum Schluß produktiv mitverfolgt und aufopferungsvoll das Technische besorgt hat.

Rathenow, im Frühling 1998 *Dietrich Weber*